《기탄한자》를 펴내면서

새로 나온《기탄한자》- 어린이들로부터 사랑받는 학습지가 되겠습니다.

● **《기탄한자》를 고대하신 여러분께 감사드립니다.**

그 동안《기탄수학》,《기탄국어》등의 교재를 사용해 보시고《기탄한자》가 나오기를 고대하신 여러분들께 감사드립니다.

학부모님들의 열화 같은 요청에 의하여 오랜 연구와 각고끝에 드디어《기탄한자》가 선을 보이게 되었습니다.

그 동안 저희 연구진이 할 수 있는 최선의 노력을 기울여서 만든 작품이니만큼 결코 실망시키지 않으리라 확신하며 사랑받는 학습지로 더욱 심혈을 기울여 나가겠습니다.

● **한자를 모르고는 공부를 잘 할 수 없습니다.**

학부모님들도 잘 아시다시피, 우리말의 약 70% 정도가 한자어로 구성되어 있으며 수학, 사회, 과학 등 각 교과서의 학습용어 대부분이 한자로 되어 있습니다.

따라서 한자를 초등 학교 저학년 때부터 미리 알면 어휘를 정확하게 이해하게 되어 언어생활을 바르게 할 수 있게 됩니다. 뿐만 아니라 다른 교과의 내용도 심도 있게 이해할 수 있는 기초 능력을 길러 주게 되어 저절로 성적이 쑥쑥 향상될 수 있습니다.

한자를 모르고는 결코 좋은 성적을 내기가 어렵습니다.

● **이제 한자 학습은 필수!《기탄한자》로 시작해 보십시오.**

21세기는 세계의 중심축이 한자 문화권에 놓이게 될 것입니다. 따라서 공통문자 또는 국제문자로서의 한자의 역할이 증대될 것입니다.《기탄한자》는 이러한 국제 사회의 흐름에 발맞추어 한자를 쉽고 재미있게 정복할 수 있도록 9단계 교재로 엮어 놓았습니다.

적은 비용으로 최고효과를 거둘 수 있도록 기획된《기탄한자》, 지금 곧 시작해 보십시오.

Ⓡ 기탄: 본사의 등록상표로 기초탄탄의 약자입니다.

《기탄한자》 이렇게 만들었습니다.

《기탄한자》 - 개인별·능력별 프로그램식 학습교재입니다.

1 모두 9단계의 교재로 만들었습니다.
《기탄한자》는 A단계에서 I단계까지 총 9단계로 구성된 학습지입니다. 각 단계는 모두 4권으로 4개월 동안 학습할 수 있게 구성되어 있으며, A단계부터 I단계까지 모두 36권으로 36개월(3년) 정도가 소요됩니다.

2 1주일에 4자씩, 1달에 16자, 1년에 200여 한자를 익힐 수 있습니다.
《기탄한자》는 1주일에 4자씩 새로운 한자를 익히게 구성되어 있어서, 1달 과정이 끝나면 16자의 한자를 익힐 수 있습니다.
한 단계는 4권으로 구성되어 있어 모두 600여 한자를 학습할 수 있습니다.
※ G~I단계에는 한 주에 5자씩 수록되어 있습니다.

3 기초한자 학습부터 한자급수시험까지 상세하고 완벽하게 대비하였습니다.
《기탄한자》의 총 9단계 중 A~C단계 교재는 새로이 발표된 교육부 선정 한자를 위주로 하여 초등 학교 저학년 어린이들에게 필요한 기초 생활한자를, D~F단계 교재는 초등 학교 고학년 어린이들에게 필요한 기초 생활한자를 익힐 수 있도록 구성되어 있으며, G~I단계 교재는 한자급수시험 대비를 겸하여 꾸며져 있습니다.

4 부담없는 반복 학습으로 효과가 확실합니다.
《기탄한자》는 매주 부담없게 4~5자씩 새로운 한자를 익히며 그 동안 배운 한자를 다양한 학습 방법을 통하여 반복해서 익힐 수 있도록 재미있게 구성하였습니다.

■ 기탄한자 단계별 학습내용 ■

단계	내용
A~C단계	초등 학교 저학년에게 필요한 교육부 선정 한자 192자 및 부수 학습
D~F단계	초등 학교 고학년에게 필요한 교육부 선정 한자 192자 및 부수 학습
G~I단계	교육부 선정 240자 위주. 한자급수시험 대비

® 기탄: 본사의 등록상표로 기초탄탄의 약자입니다.

《기탄한자》 학습 프로그램의 비밀

《기탄한자》는 치밀하게 계산된 학습 시스템으로 일반 학습 교재와는 전혀 다릅니다.

1 자신감이 생기는 학습

한자문맹「흔들리는 교육」이란 제목 하에 우리 나라 최고 명문대에서 학생들이 한자를 제대로 알지 못해서 수업이 제대로 되지 못한 사건이 발생했다고 신문에 기사화 되어 충격을 준 적이 있습니다.

현재 대부분의 학생들은 물론 일반인들까지 부모나 형제 자매의 이름을 제대로 쓰는 사람이 드물다는 것이 전문가들의 대체적인 시각입니다.

《기탄한자》로 지금 시작해 보십시오.

초등 학교 때부터 하루 10분 정도만 학습하면 한자가 익숙해져 자연스럽게 한자문맹에서 해방됩니다. 초등 학교 때부터 자연스럽게 신문이나 잡지도 볼 수 있게 되어 자신감이 생기고 따라서 성적도 쑥쑥 올라가게 됩니다.

《기탄한자》, 자녀에게 자신감을 키워줍니다.

2 올바른 학습 습관이 생기는 학습

《기탄한자》는 어린이들에게 한자학습이 재미있고 흥미로운 것이라는 인식을 심어줄 수 있도록 다양한 형식과 체제로 구성하였습니다. 따라서 가정에서는 어린이의 생활습관을 규칙적으로 꾸며 가도록 지도해 주시는 것이 중요합니다.

《기탄한자》로 매일 일정한 시간에 일정량을 꾸준히 공부하다 보면 생활 리듬이 일정해져 공부시간도 틀에 잡히고 효과적인 학습도 가능해져 '몸에 맞는' 올바른 학습습관이 생기게 됩니다.

3 집중력이 생기는 학습

공부는 많이 하는데 성적이 오르지 않는 어린이는 집중력이 약하기 때문입니다.

《기탄한자》는 매일 2~3장을 10분안에 학습하는 훈련을 반복함으로써 자연스럽게 집중력이 최고로 강화될 수 있도록 하였습니다.

《기탄한자》는 매일 10분 학습으로 집중력을 길러주는 학습 시스템입니다.

4 창의력이 생기는 완전학습

창의력이란 아무것도 없는 데서 새로운 것을 찾는 능력이 아니라 이미 알고 있는 것에서 조금 다른 것을 찾는 능력이라고 합니다.

이러한 창의력은 어떻게 생길까요? 바로 다양한 체험을 통해서 가능해집니다.

《기탄한자》는 다양한 학습체험을 통해 읽고, 쓰고, 깨달음으로써 자연스럽게 창의력을 키워주어 완전학습으로 나가게 해줍니다.

Ⓡ 기탄: 본사의 등록상표로 기초탄탄의 약자입니다.

교재 학습 방법

1 교재 선택

처음 한자 학습을 시작하는 어린이는 교재의 첫부분 A단계부터 시작해 주십시오.

그 동안 한자 학습을 진행한 어린이는 자신의 능력과 수준에 맞추어 교재를 선택하되 학습자의 능력보다 약간 낮은 단계부터 시작하는 것이 효과적입니다. 학습자의 능력보다 수준이 높은 교재를 선택하면 공부에 흥미를 잃어 중도에서 포기하기 쉽습니다.

2 교재 활용

교재는 한 권이 4주분으로 한 달간 학습할 수 있도록 편집되어 있습니다. 교재를 구입하시면 주저하지 마시고 먼저 1주일 분량씩 분리해서 매주 1권씩 어린이에게 주십시오. 한꺼번에 교재를 주면 어린이가 부담스러워 학습을 미루거나 포기하기 쉽습니다(교재가 잘 나누어지도록 제작되어 있음).

3 교재 학습

매주 새로운 한자를 4~5자씩 배울 수 있게 계획되어 있습니다. 매일 일정한 시간을 정해놓고 하루에 2~3장씩 10분 정도 학습할 수 있게 지도해 주십시오. 매일 배운 한자를 여러 형태로 음과 뜻, 짜임, 활용 등을 활용 반복해서 학습할 수 있게 되어 있으므로 밀리지 않고 차근차근 따라하면 기초 한자를 쉽게 정복할 수 있습니다. 어린이의 학습의욕과 성취도에 따라 학습량을 조절해 주시되 무리하게 학습을 시키지 않도록 유의해 주시고 스스로 공부하는 바른 습관이 붙도록 해 주십시오.

4 자녀의 학습 관리

어머니는 이 세상의 그 어느 선생님보다도 더 훌륭한 최상의 선생님으로 어머니의 사랑으로 자녀를 가르칠 때 그 효과가 가장 높다는 것이 교육학자들의 일반적인 견해입니다. 자녀들이 학습한 내용들을 일 주일에 한 번씩 날짜를 정해놓고 5~10분간만 투자해서 확인해 주시고 관심을 보여 주십시오. 그리고 칭찬해 주십시오. 칭찬을 잘 하는 어머니가 공부를 잘 가르치는 최고의 선생님이란 것을 잊지 마십시오. 어머니의 관심도에 비례해서 자녀의 한자실력이 쑥쑥 자라난다는 것도 잊지 마세요.

® 기탄: 본사의 등록상표로 기초탄탄의 약자입니다.

학습을 시작하기 전에 꼭 읽어 주세요

> 다음에 소개되는 내용을 꼭 외울 필요는 없습니다.
> 금방 이해가 가지 않는 내용도 있을 것입니다.
> 그러나 교재를 풀다 보면, '아하! 그 말이었구나.' 하고
> 느끼면서 저절로 알게 될 내용들입니다.
> 그러나 중요한 것이라서 자주 보고 읽어 두어야 합니다.
> 그래야만 한자를 쉽게 익힐 수 있으니까요.

1. 한자의 3요소

한자는 3가지 중요한 것으로 구성되어 있습니다. 한자 공부를 잘 하려면 이 3가지를 항상 같이 익혀야 합니다.

(1)한자의 뜻(훈) (2)한자의 소리(음) (3)한자의 모양(형)

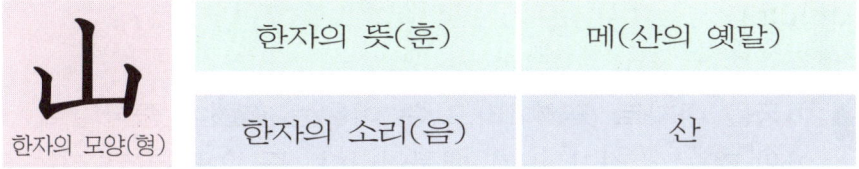

	한자의 뜻(훈)	메(산의 옛말)
	한자의 소리(음)	산

2. 한자는 이렇게 만들어졌다.

모든 한자는 크게는 3가지, 작게는 6가지 원칙으로 만들어진 글자입니다.

(1) 기본 한자

1) 눈에 보이는 사물을 본떠서 만들었습니다.
   날 일(日) 등이 그러합니다.
2) 눈에는 보이지 않지만, 뜻을 부호로 표시했습니다.
   한 일(一), 위 상(上) 등이 그러합니다.

(2) 합쳐서 만든 한자

1) 이미 만들어진 사물 모양의 한자들을 합쳐서 만들었습니다.
   동녘 동(東), 수풀 림(林) 등이 그러합니다.
2) 사물 모양의 한자와 부호 한자를 합쳐서 만들었습니다.
   한자의 음(소리)은 합쳐진 한자 중 하나와 같습니다.
   물을 문(問), 공 공(功) 등이 그러합니다.

(3) 운용 한자

1) 어떤 한자에 다른 뜻과 다른 소리를 내도록 만든 한자로서 원래 한자의 뜻과 관계가 있습니다.

   예 惡이란 한자는 원래 '악할 악' 자입니다. 그러나 악한 사람들을 모두가 미워한다는 뜻으로 '미워할 오' 자로도 씁니다.

2) 외국어로 표기할 때 원래의 뜻과는 아무 상관 없이 비슷한 한자로 표시합니다.

   예 미국을 한자로 美國이라고 쓴 이유는 美國이 중국말로 '음메이꿔'라는 소리가 나기 때문입니다. 즉 '아메리카'라는 발음이 가장 가까운 것이 美國이란 한자입니다.

3. 획이란 무엇인가요?

펜을 떼지 않고 한 번에 쓸 수 있는 점이나 선을 획이라고 합니다. 한자의 획수란 그 한자의 총 획이 몇 번인가를 말합니다.
획수는 한자 사전에서 모르는 한자를 찾을 때 다음에 소개할 부수(部首)만큼 중요한 것입니다.

® 기탄: 본사의 등록상표로 기초탄탄의 약자입니다.

 메 산 山의 획수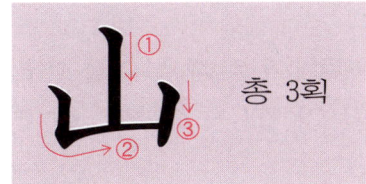

4. 부수(部首)를 알면 한자가 보인다.

(1) 부수(部首)란 무엇인가?

앞으로 이 책에는 부수(部首)란 말이 매우 많이 나옵니다. 그만큼 한자에서는 부수(部首)가 중요하다는 뜻이겠지요? 그렇다면 부수(部首)란 도대체 무엇일까요?

부수(部首)란 합쳐서 만들어진 한자 중에서 서로 공통되는 부분을 말합니다.

예를 들어, 큰산 악(岳), 언덕 안(岸), 봉우리 봉(峰), 고개 현(峴) 등에는 공통적으로 메 산(山)이 들어 있지요? 그리고 예를 든 모든 한자가 산(山)과 관계가 있음을 알 수 있습니다.

(2) 부수(部首)의 종류

부수(部首)는 놓이는 위치에 따라서 그 이름이 달라집니다.

 **변**
한자의 왼쪽에 위치한 부수를 변이라고 합니다.
예) 바다 해 海(氵 물 수변, 삼수변)

 **방**
한자의 오른쪽에 위치한 부수를 방이라고 합니다.
예) 고을 군 郡(阝 우부방)

한자 학습에 들어가기 전에

개인별·능력별 학습 프로그램

A 단계 교재　A181a-A195b

이번 주에 배울 한자

甘	言	見	豆
달 감	말씀 언	볼 견	콩 두

금주평가	읽 기	쓰 기	이번 주는?
	Ⓐ 아주 잘함	Ⓐ 아주 잘함	· 학습방법 ① 매일매일 ② 가끔 ③ 한꺼번에 - 하였습니다.
	Ⓑ 잘함	Ⓑ 잘함	· 학습태도 ① 스스로 잘 ② 시켜서 억지로 - 하였습니다.
	Ⓒ 보통	Ⓒ 보통	· 학습흥미 ① 재미있게 ② 싫증내며 - 하였습니다.
	Ⓓ 부족함	Ⓓ 부족함	· 교재내용 ① 적합하다고 ② 어렵다고 ③ 쉽다고 - 하였습니다.

♣ 지도 교사가 부모님께　　　　　♣ 부모님이 지도 교사께

종합평가　　Ⓐ 아주 잘함　　Ⓑ 잘함　　Ⓒ 보통　　Ⓓ 부족함

원교　　반　이름　　전화

😊 지난 주에 배운 한자를 다시 한 번 써 보세요.

구슬 옥	구슬 옥	구슬 옥	구슬 옥	구슬 옥
玉	玉	玉	玉	玉

대 죽	대 죽	대 죽	대 죽	대 죽
竹	竹	竹	竹	竹

밭 전	밭 전	밭 전	밭 전	밭 전
田	田	田	田	田

쌀 미	쌀 미	쌀 미	쌀 미	쌀 미
米	米	米	米	米

이번 주에 배울 한자를 큰 소리로 읽어 보세요.

A181b

🐞 달 감(甘)에 대해 알아봅시다.

감이라고 읽습니다.
달다는 뜻입니다.

● 빈 칸에 알맞은 글을 쓰세요.

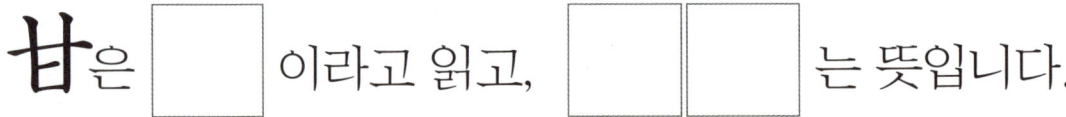

🐞 甘은 혀로 맛을 보는 모습을 본뜬 한자입니다.

● 빈 칸에 알맞은 글을 쓰세요.

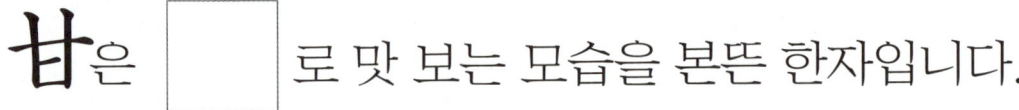

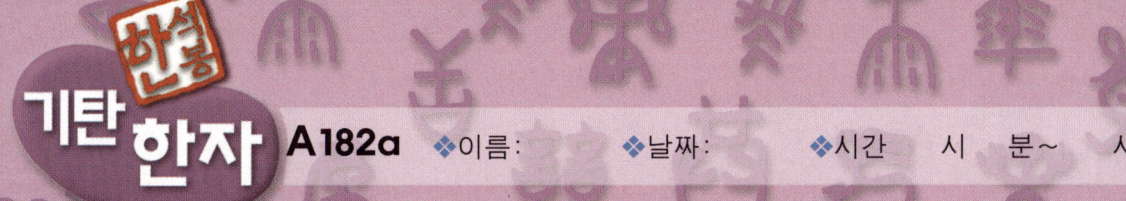

🙂 필순에 따라 甘을 바르게 쓰세요.

총 5획

● 뜻과 음을 소리내어 읽으면서 甘을 쓰세요.

| 달 감 | 달 감 | 달 감 | 달 감 | 달 감 |

● 빈 칸에 알맞은 한자와 뜻, 음을 쓰세요.

甘		
한자	뜻	음

	달	감
한자	뜻	음

A182b

🙂 글을 읽고, 甘이 나오는 낱말을 알아봅시다.

"흠, 참 甘味(감미)롭구나!"
할아버지께서 甘酒(감주)를 드시면서 말씀하셨어요.
甘酒를 만들기 위해서는
많은 고생이 따라야 합니다.
그러나 甘酒 맛을 보려면,
그 정도의 고생은 甘受(감수)해야 합니다.

- 甘味(감미):달콤한 맛　● 甘酒(감주):단술 또는 식혜 음료
- 甘受(감수):즐겁게 받아들임

🙂 빈 칸에 알맞은 한자를 쓰세요.

감	미	감	주	감	수
甘	味	甘	酒	甘	受
	味		酒		受

A183a

🐛 흐린 글자를 따라 쓰면서 甘을 익히세요.

甘은 감 이라고 읽고, 달다 라는 뜻입니다.

甘은 혀로 맛을 보는 모습 을 본뜬 한자입니다.

甘의 획수는 총 5 획입니다.

甘이 들어 있는 甘부수 의 한자는 달콤한 것 과 관련있습니다.

🐛 뜻과 음을 크게 읽으면서, 甘을 쓰세요.

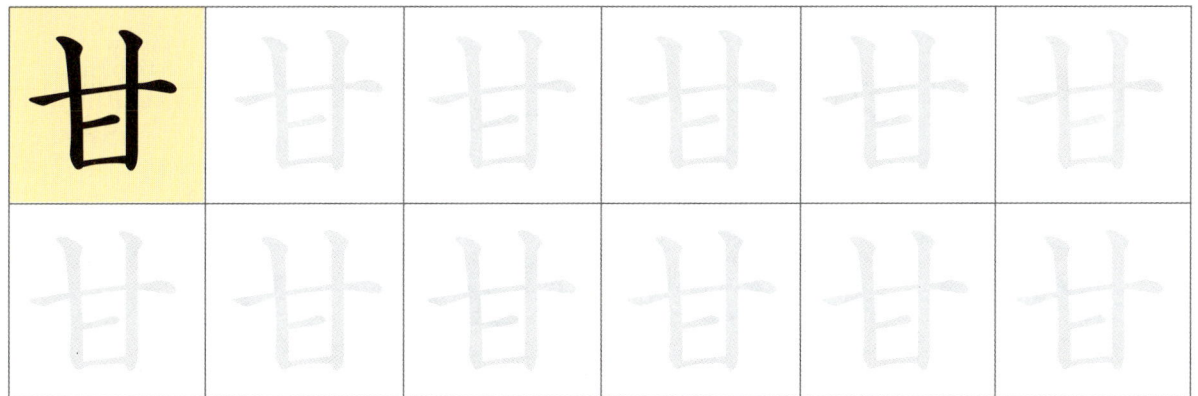

😊 甘부수의 한자를 알아봅시다.

甘 (달 감) + 匹 (짝 필) = 甚 (더욱 심)

두 사람이 짝을 이루어 음식을 먹으면, 더 달고 맛있습니다.

😊 달 감(甘)을 한번 더 써 보세요.

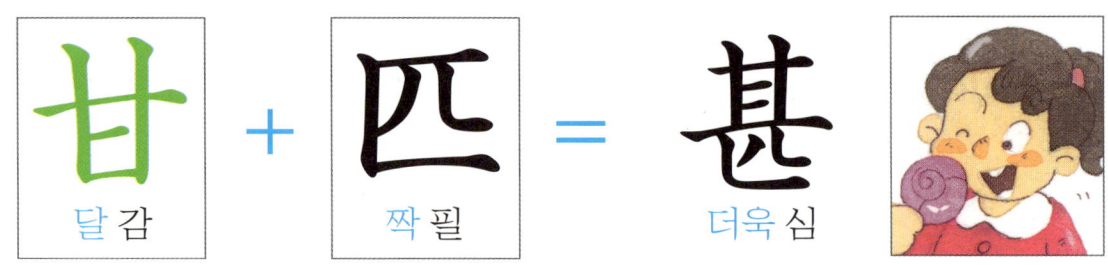

😊 甘부수의 한자에 ○표 하세요.

粉　男　笛　甚

가루 분　　사내 남　　피리 적　　더욱 심

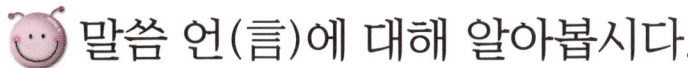

🙂 말씀 언(言)에 대해 알아봅시다.

 언이라고 읽습니다.
　　　　　　　말이라는 뜻입니다.

● 빈 칸에 알맞은 글을 쓰세요.

言은 ☐ 이라고 읽고, ☐ 이라는 뜻입니다.

🙂 言은 입으로 말하는 모습을 본뜬 한자입니다.

● 빈 칸에 알맞은 글을 쓰세요.

言은 입으로  하는 모습을 본뜬 한자입니다.

A184b

● 필순에 따라 言을 바르게 쓰세요.

총 7획

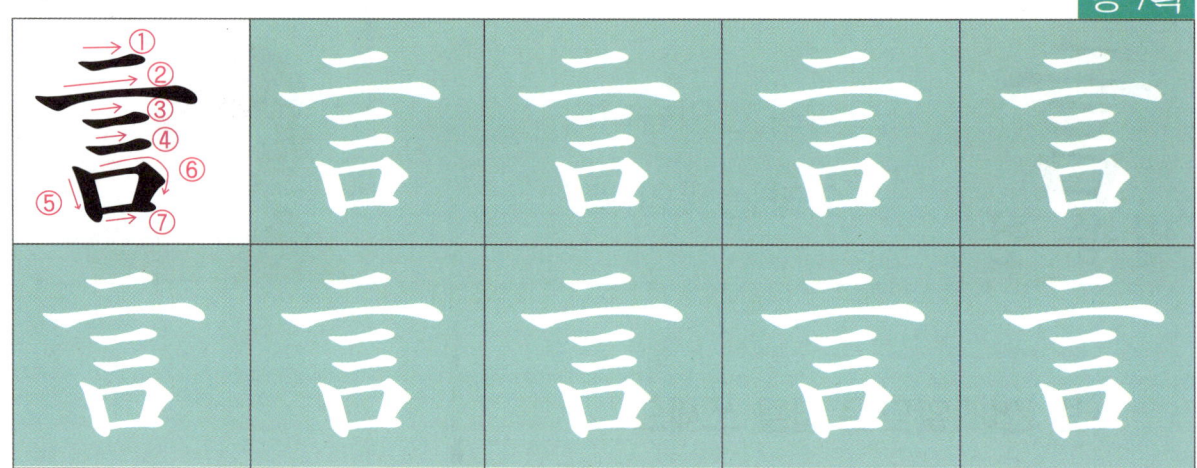

● 뜻과 음을 소리내어 읽으면서 言을 쓰세요.

말씀 언	말씀 언	말씀 언	말씀 언	말씀 언
言	言	言	言	言

● 빈 칸에 알맞은 한자와 뜻, 음을 쓰세요.

言		
한자	뜻	음

	말씀	언
한자	뜻	음

😊 글을 읽고, 言이 나오는 낱말을 알아봅시다.

신문이나 방송을 言論(언론)이라고 합니다.
둘 다 言文(언문)을 사용하고 있기 때문에
붙여진 이름입니다.
특히 말로 소식을 전하는 아나운서는
정확한 言語(언어)를 써야 합니다.
글은 써놓고 고칠 수도 있지만,
말은 그렇지 않기 때문입니다.

● 言論(언론) : 말이나 글로 생각을 나타내는 일
● 言文(언문) : 말과 글 ● 言語(언어) : 자기 생각을 나타내는 말

😊 빈 칸에 알맞은 한자를 쓰세요.

언	론	언	문	언	어
言	論	言	文	言	語
	論		文		語

A185b

😊 흐린 글자를 따라 쓰면서 言을 익히세요.

言은 언이라고 읽고, 말이라는 뜻입니다.

言은 입으로 말하는 모습을 본뜬 한자입니다.

言의 획수는 총 7획입니다.

言이 들어 있는 言부수의 한자는 말과 관련있습니다.

😊 뜻과 음을 크게 읽으면서 言을 쓰세요.

言	言	言	言	言	言
言	言	言	言	言	言

言부수의 한자를 알아봅시다.

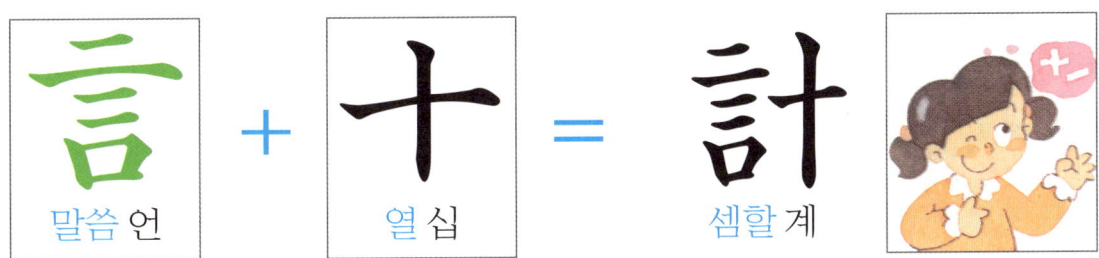

말로 수(十)를 헤아리는 것은 셈을 하는 것입니다.

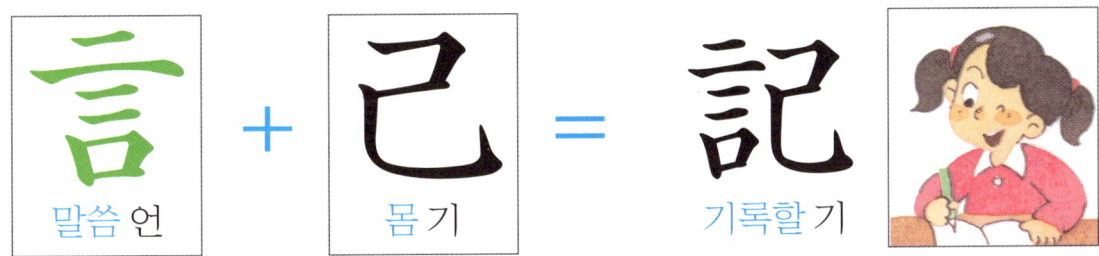

말을 기록하면 기억할 수 있습니다.

言부수의 한자에 ○표 하세요.

記 기록할 기   笛 피리 적   甚 더욱 심   計 셈할 계

😊 볼 견(見)에 대해 알아봅시다.

 견이라고 읽습니다.
본다는 뜻입니다.

● 빈 칸에 알맞은 글을 쓰세요.

見은 ☐ 이라고 읽고, ☐☐ 는 뜻입니다.

😊 見은 눈 목(目)과 사람인발(儿)이 합쳐진 한자입니다.

● 빈 칸에 알맞은 한자를 쓰세요.

見은 ☐ 과 ☐ 이 합쳐진 한자입니다.

A187a

필순에 따라 見을 바르게 쓰세요.

총 7획

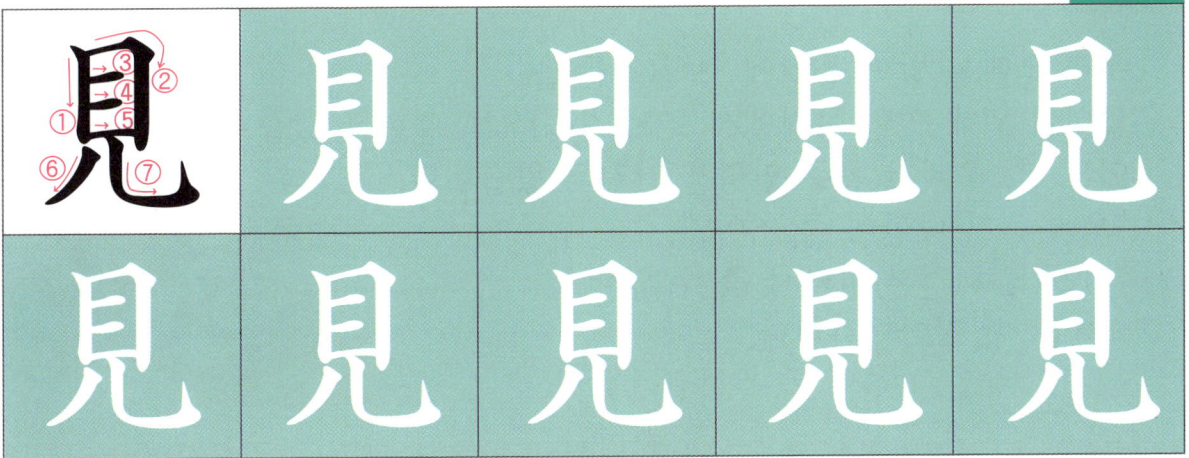

● 뜻과 음을 소리내어 읽으면서 見을 쓰세요.

볼 견	볼 견	볼 견	볼 견	볼 견
見	見	見	見	見

● 빈 칸에 알맞은 한자와 뜻, 음을 쓰세요.

見				볼	견
한자	뜻	음	한자	뜻	음

A187b

🐛 글을 읽고, 見이 나오는 낱말을 알아봅시다.

우리 오빠는 방학 동안에 見聞(견문)을
넓히기 위해 인형 공장에서 見習(견습)으로 일하고 있습니다.
어느 날, 오빠가 공주 인형을 가지고 왔습니다.
"오빠 그거 나한테 줄 거야?"
"이건 見本(견본)이라서 줄 수 없어."
오빠는 딱 잡아뗐습니다.

- 見聞(견문) : 보고 들어서 배움
- 見本(견본) : 본보기로 만들어 놓은 상품
- 見習(견습) : 정식으로 일하는 것이 아니라 배우기 위해 일하는 것

🐛 빈 칸에 알맞은 한자를 쓰세요.

견	문	견	습	견	본
見	聞	見	習	見	本
	聞		習		本

🙂 흐린 글자를 따라 쓰면서 見을 익히세요.

見은 견 이라고 읽고, 본다 라는 뜻입니다.

見은 눈목(目)과 사람인발(儿) 이 합쳐진 한자입니다.

見의 획수는 총 7 획입니다.

見이 들어 있는 見부수 의 한자는 보는 것 과 관련있습니다.

🙂 뜻과 음을 크게 읽으면서, 見을 쓰세요.

見	見	見	見	見
見	見	見	見	見

A188b

😊 見부수의 한자를 알아봅시다.

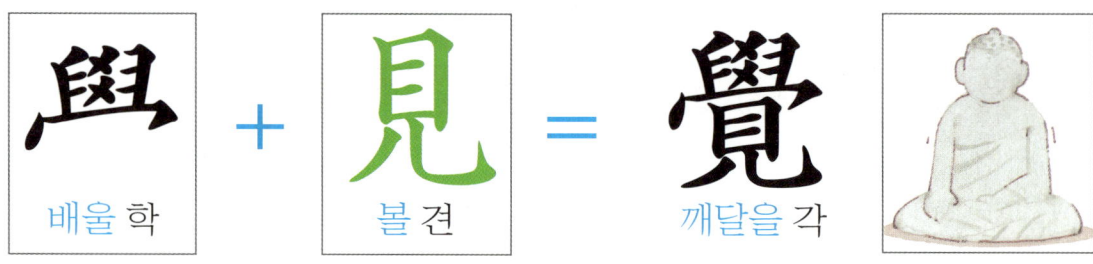

보고 배워서 깨닫는다는 뜻입니다.
참고 배울 학의 바른 글자는 學입니다.

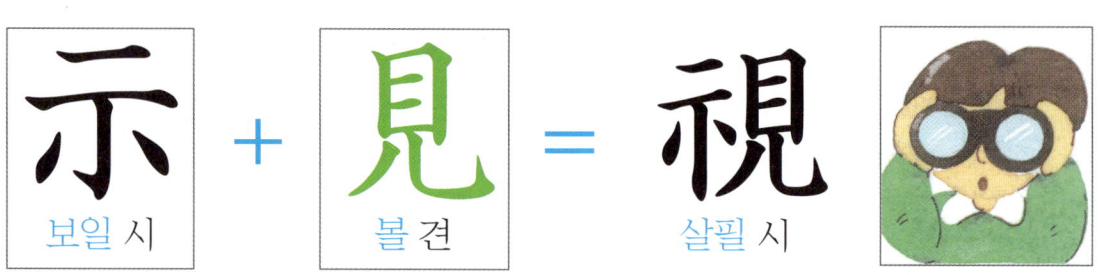

보이는 것을 자세히 살펴본다는 뜻입니다.

😊 見부수의 한자에 ○표 하세요.

🐞 콩 두(豆)에 대해 알아봅시다.

 두라고 읽습니다.
콩 또는 제기라는 뜻입니다.

제기 : 제사상에 올리는 그릇

● 빈 칸에 알맞은 글을 쓰세요.

豆는 ☐라고 읽고, ☐ 또는 ☐☐라는 뜻입니다.

🙂 豆는 제사 때 쓰는 제기를 본뜬 한자입니다.

● 빈 칸에 알맞은 글을 쓰세요.

豆는 제사 때 쓰는 ☐☐를 본뜬 한자입니다.

A189b

🐷 필순에 따라 豆를 바르게 쓰세요.

총 7획

豆	豆	豆	豆	豆
豆	豆	豆	豆	豆

● 뜻과 음을 소리내어 읽으면서 豆를 쓰세요.

콩 두	콩 두	콩 두	콩 두	콩 두
豆	豆	豆	豆	豆

● 빈 칸에 알맞은 한자와 뜻, 음을 쓰세요.

豆				콩	두
한자	뜻	음	한자	뜻	음

글을 읽고, 豆가 나오는 낱말을 알아봅시다.

豆太(두태) 중에서도 특히 콩은 사람에게 매우 좋은 곡식입니다. 단백질이 많기 때문입니다. 콩으로 豆腐(두부)도 만들고, 豆乳(두유)도 만듭니다. 콩나물과 콩기름도 만듭니다.

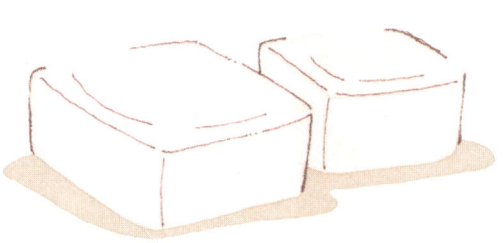

- 豆太(두태) : 콩과 팥
- 豆腐(두부) : 콩으로 만든 식품의 한가지
- 豆乳(두유) : 우유처럼 만든 콩국

빈 칸에 알맞은 한자를 쓰세요.

두	태	두	부	두	유
豆	太	豆	腐	豆	乳
	太		腐		乳

 A190b

😊 흐린 글자를 따라 쓰면서 豆를 익히세요.

豆는 두 라고 읽고, 콩 또는 제기 라는 뜻입니다.

豆는 제사 때 쓰는 제기 를 본뜬 한자입니다.

豆의 획수는 총 7 획입니다.

豆가 들어 있는 豆부수 의 한자는 콩 또는 제기 와 관련있습니다.

😊 뜻과 음을 크게 읽으면서, 豆를 쓰세요.

豆	豆	豆	豆	豆	豆
	豆	豆	豆	豆	豆

豆부수의 한자를 알아봅시다.

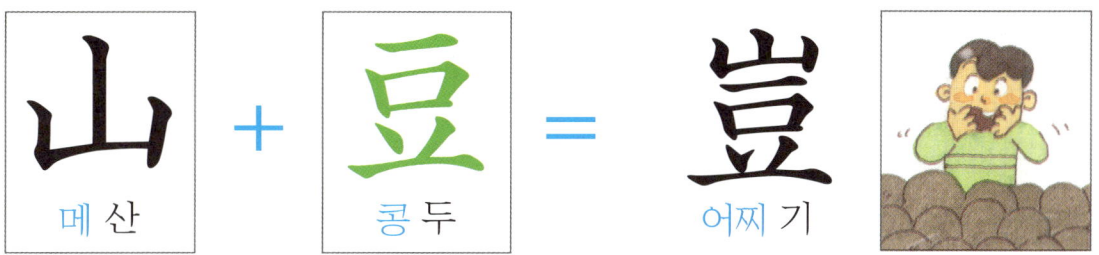

山 메 산 + 豆 콩 두 = 豈 어찌 기

콩처럼 많은 군사들이 산을 에워싸고 있는 모습을 보고, '어찌'라고 감탄한다는 뜻입니다.

曲 굽을 곡 + 豆 제기 두 = 豊 풍성할 풍

제기 위에 많은 음식이 놓여 있으니 풍성합니다.

豆부수의 한자에 ○표 하세요.

覺 깨달을 각   豊 풍성할 풍   豈 어찌 기   視 살필 시

A191b

😊 뜻과 음을 읽으면서, 이번 주에 배운 한자를 쓰세요.

달 감	달 감	달 감	달 감	달 감
甘	甘	甘	甘	甘

말씀 언	말씀 언	말씀 언	말씀 언	말씀 언
言	言	言	言	言

볼 견	볼 견	볼 견	볼 견	볼 견
見	見	見	見	見

콩 두	콩 두	콩 두	콩 두	콩 두
豆	豆	豆	豆	豆

A192a

🙂 그림과 관계 있는 한자를 선으로 이어 보세요.

 •   •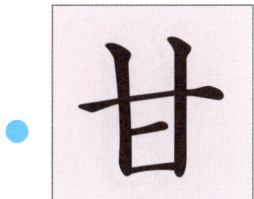

 •   •

 •   •

 •   •

😊 부수가 같은 한자끼리 선을 이으세요.

달 감

말씀 언

볼 견

콩 두

풍성할 풍

기록할 기

더욱 심

깨달을 각

😊 빈 칸에 알맞은 한자를 쓰세요.

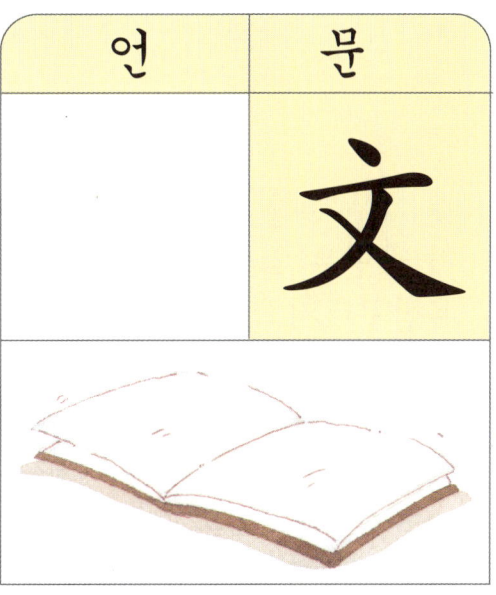

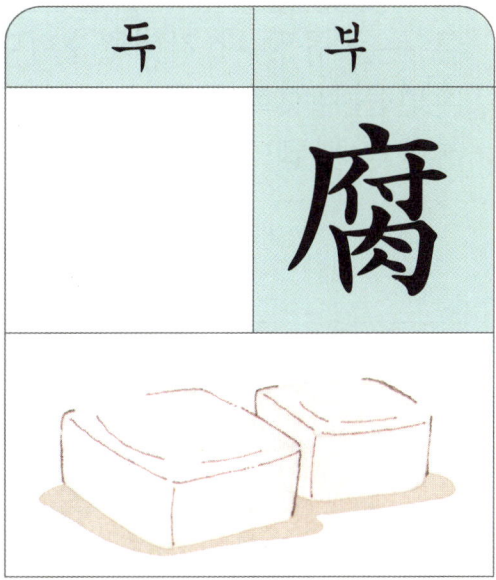

A193b

😊 동화를 읽고, 빈 칸에 알맞은 한자를 쓰세요.

견문을 넓히려다

豆腐(두부)를 파는 바보 소년이 있었습니다.
이 소년은 열심히 일을 하여 제법 많은 돈을 모았습니다.
욕심꾸러기 동네 아저씨가 甘言(감언; 달콤한 말)으로
소년을 꾀었습니다.
"애야, 너도 이제 공부를 시작하여 見聞(견문)을 넓혀야지."
"아직 돈을 더 모아야 해요."
그러자, 아저씨는 땅에 돈을 묻어 놓고 가꾸면
고구마처럼 돈이 주렁주렁 열린다고 속였습니다.
이 말을 듣고 소년은 얼른 그동안 벌어 놓은 돈을 모조리
밭에 묻었습니다. 이것을 보고 있던 욕심쟁이 아저씨는
그 돈을 몽땅 파 가버렸습니다.
소년은 그것도 모르고 매일 밭에 나와 돈을 묻은 곳에
물을 주었답니다.

달 감	볼 견	말씀 언	콩 두

🙂 보기에 따라 색칠하세요.

보기 甘:초록색, 言:파랑색, 見:노랑색, 豆: 빨강색

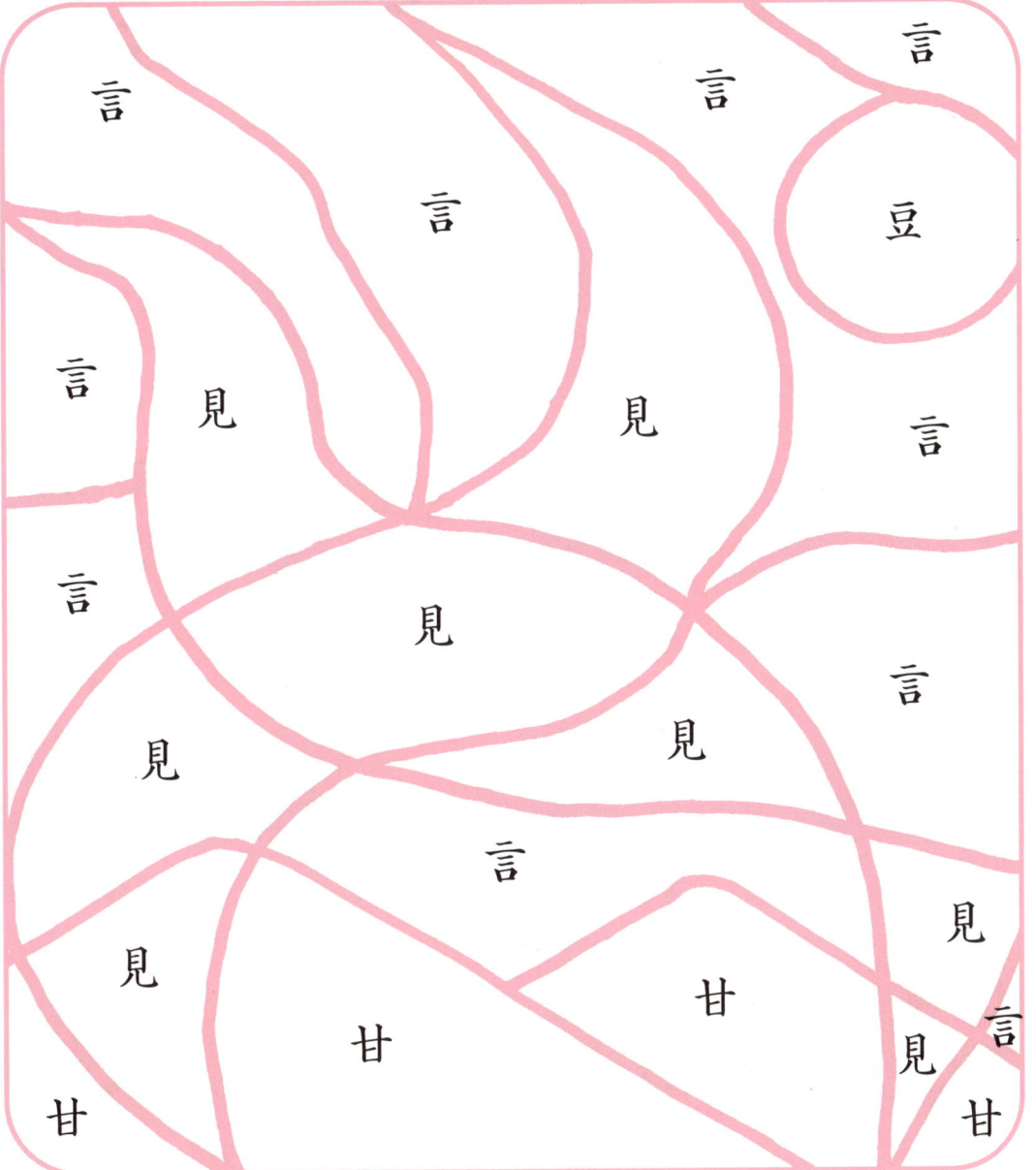

🙂 서로 알맞은 것끼리 선을 이으세요.

| 甘 | 言 | 見 | 豆 |

| 달다 | 보다 | 콩 | 말씀 |

| 언 | 감 | 두 | 견 |

A195a

🐷 빈칸에 알맞은 부수를 쓰세요.

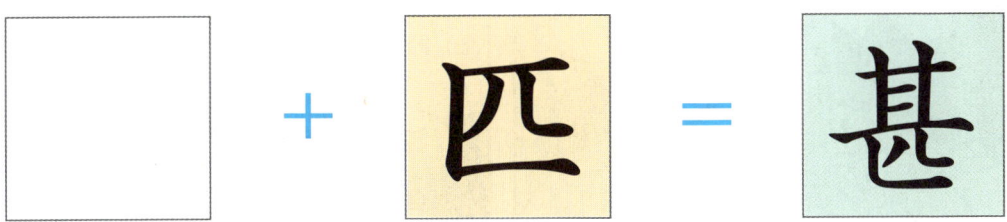

😊 먹여만 주신다면

개인별 · 능력별 학습 프로그램

A 단계 교재 A196a-A210b

기탄 한자 한석봉

이번 주에 배울 한자

衣	走	足	車
옷 의	달릴 주	발 족	수레 차

금주평가

	읽 기	쓰 기
	Ⓐ 아주 잘함	Ⓐ 아주 잘함
	Ⓑ 잘함	Ⓑ 잘함
	Ⓒ 보통	Ⓒ 보통
	Ⓓ 부족함	Ⓓ 부족함

이번 주는?

- 학습방법 ① 매일매일 ② 가끔 ③ 한꺼번에
  - 하였습니다.
- 학습태도 ① 스스로 잘 ② 시켜서 억지로
  - 하였습니다.
- 학습흥미 ① 재미있게 ② 싫증내며
  - 하였습니다.
- 교재내용 ① 적합하다고 ② 어렵다고 ③ 쉽다고
  - 하였습니다.

♣ 지도 교사가 부모님께

♣ 부모님이 지도 교사께

종합평가   Ⓐ 아주 잘함   Ⓑ 잘함   Ⓒ 보통   Ⓓ 부족함

원교   반   이름   전화

기초 탄탄한 교육 · 기초 탄탄한 학습
기탄교육
www.gitan.co.kr / (02)586-1007(대)

😊 지난 주에 배운 한자를 큰 소리로 읽으면서 써 보세요.

달 감	달 감	달 감	달 감	달 감
甘	甘	甘	甘	甘

말씀 언	말씀 언	말씀 언	말씀 언	말씀 언
言	言	言	言	言

볼 견	볼 견	볼 견	볼 견	볼 견
見	見	見	見	見

콩 두	콩 두	콩 두	콩 두	콩 두
豆	豆	豆	豆	豆

A196a

😊 이번 주에 배울 한자를 큰 소리로 읽어 보세요.

A196b

🐛 옷 의(衣)에 대해 알아봅시다.

| 衣
옷 의 | 의라고 읽습니다.
옷이라는 뜻입니다. |  |

● 빈 칸에 알맞은 글을 쓰세요.

衣는 [   ]라고 읽고, [   ]이라는 뜻입니다.

🐛 衣는 옷 모양을 본뜬 한자입니다.

● 빈 칸에 알맞은 글을 쓰세요.

衣는 [   ] 모양을 본뜬 한자입니다.

A197a ◆이름: ◆날짜: ◆시간 시 분~ 시 분

 필순에 따라 衣를 바르게 쓰세요.

총 6획

● 뜻과 음을 소리내어 읽으면서 衣를 쓰세요.

옷 의	옷 의	옷 의	옷 의	옷 의
衣	衣	衣	衣	衣

● 빈 칸에 알맞은 한자와 뜻, 음을 쓰세요.

衣					옷	의
한자	뜻	음		한자	뜻	음

😊 글을 읽고, 衣가 나오는 낱말을 알아봅시다.

임진왜란 때 많은 의병들이 일어났어요.
그 중에서 곽재우 장군의 별명은
紅衣(홍의) 장군이었어요.
衣服(의복)이 빨강색이었기 때문이지요.
스님 의병인 사명당은
法衣(법의)를 입고 싸웠어요.

● 紅衣(홍의):빨강색 옷 ● 衣服(의복):옷
● 法衣(법의):스님들이 입는 옷

😊 빈 칸에 알맞은 한자를 쓰세요.

홍	의	의	복	법	의
紅	衣	衣	服	法	衣
紅			服	法	

A198a　❖이름:　❖날짜:　❖시간　시　분~　시　분

🙂 흐린 글자를 따라 쓰면서 衣를 익히세요.

衣는 의 라고 읽고, 옷 이라는 뜻입니다.

衣는 옷 모양을 본뜬 한자입니다.

衣의 획수는 총 6 획입니다.

衣가 한자의 왼쪽 에서 부수로 사용될 때는 衤로 변하며 옷의변 이라고 읽습니다.

衣부수(衤) 의 한자는 옷 과 관련있습니다.

🙂 뜻과 음을 크게 읽으면서, 衣를 쓰세요.

衣부수의 한자를 알아봅시다.

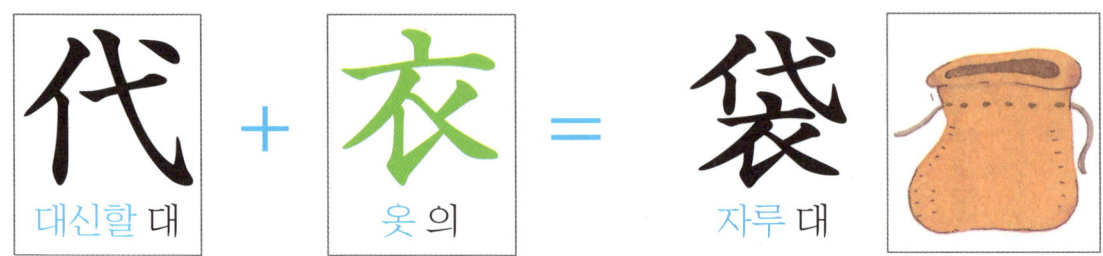

자루를 대신하여 옷으로 물건을 싸기도 합니다.

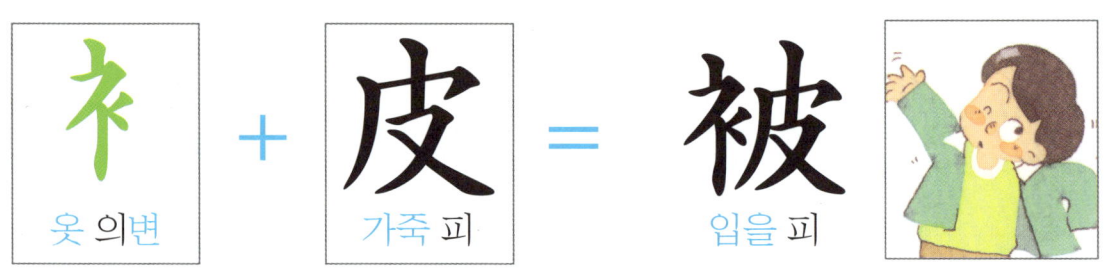

옷은 사람의 살 가죽과 닿게 입습니다.

참고 衣부수는 衤로도 씁니다.

衣부수의 한자에 ○표 하세요.

풍성할 풍   입을 피   자루 대   어찌 기

😊 달릴 주(走)에 대해 알아봅시다.

 주라고 읽습니다.
달린다는 뜻입니다.

● 빈 칸에 알맞은 글을 쓰세요.

走는 ☐라 읽고, ☐☐☐는 뜻입니다.

😊 走는 달리는 사람 모습을 본뜬 한자입니다.

● 빈 칸에 알맞은 글을 쓰세요.

走는 ☐☐☐ 사람을 본뜬 한자입니다.

A199b

😊 필순에 따라 走를 바르게 쓰세요.

총 7획

● 뜻과 음을 소리내어 읽으면서 走를 쓰세요.

달릴 주	달릴 주	달릴 주	달릴 주	달릴 주
走	走	走	走	走

● 빈 칸에 알맞은 한자와 뜻, 음을 쓰세요.

走		
한자	뜻	음

	달릴	주
한자	뜻	음

A200a　❖이름:　❖날짜:　❖시간　시　분~　시　분

🙂 글을 읽고, 走가 나오는 낱말을 알아봅시다.

일요일에 우리는 야구를 했습니다.
나는 안타를 치고 나가,
1루 走者(주자)가 되었습니다.
그러나 2루로 도루를 하다가 아웃되었습니다.
逃走(도주) 능력이 부족한가 봅니다.
"넌 走卒(주졸) 노릇이나 해."
친구들이 놀렸습니다.

- 走者(주자):달리는 사람　●逃走(도주):피하거나 쫓겨 달아남
- 走卒(주졸):바쁘게 돌아다니며 남의 심부름을 하는 사람

🙂 빈 칸에 알맞은 한자를 쓰세요.

주	자	도	주	주	졸
走	者	逃	走	走	卒
	者	逃			卒

A200b

😊 흐린 글자를 따라 쓰면서 走를 익히세요.

走는 주 라고 읽고, 달린다 는 뜻입니다.

走는 달리는 사람 모습을 본뜬 한자입니다.

走의 획수는 총 7 획입니다.

走가 들어 있는 走부수 의 한자는 달리는 것 과 관련있습니다.

😊 뜻과 음을 크게 읽으면서 走를 쓰세요.

走	走	走	走	走
走	走	走	走	走

走부수의 한자를 알아봅시다.

뱀이 달아날 때는 머리를 들고 일어섭니다.
참고 현재 자형은 巳(뱀 사)가 己(몸 기)로 바뀌었습니다.

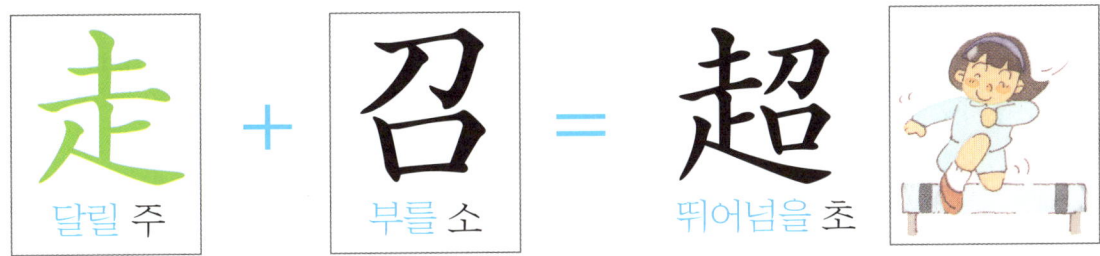

누군가가 부르면 담이라도 뛰어넘고 간다는 뜻입니다.

走부수의 한자에 ○표 하세요.

입을 피   자루 대   뛰어넘을 초   일어날 기

🙂 발 족(足)에 대해 알아봅시다.

발 족

족이라고 읽습니다.
발이라는 뜻입니다.

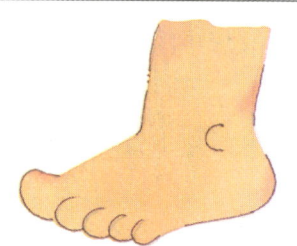

●빈 칸에 알맞은 글을 쓰세요.

足은 ☐이라고 읽고, ☐이라는 뜻입니다.

🙂 足은 사람의 발 모양을 본뜬 한자입니다.

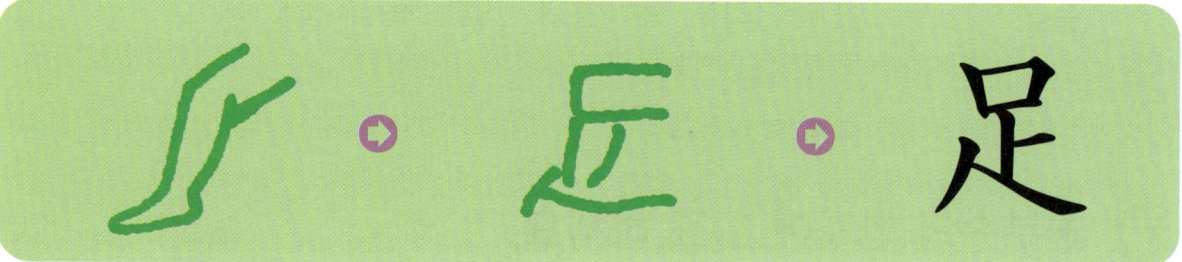

●빈 칸에 알맞은 글을 쓰세요.

足은 ☐ 모양을 본뜬 한자입니다.

기탄한자 A202a ❖이름: ❖날짜: ❖시간 시 분~ 시 분

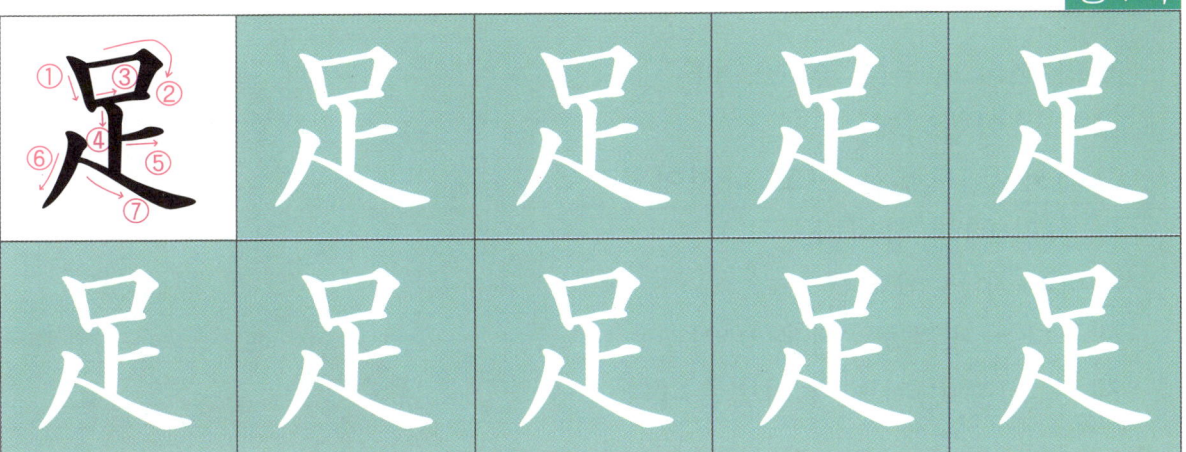

● 필순에 따라 足을 바르게 쓰세요. 총 7획

● 뜻과 음을 소리내어 읽으면서 足을 쓰세요.

발 족	발 족	발 족	발 족	발 족
足	足	足	足	足

● 빈 칸에 알맞은 한자와 뜻, 음을 쓰세요.

足				발	족
한자	뜻	음	한자	뜻	음

 A202b

🐝 글을 읽고, 足이 나오는 낱말을 알아봅시다.

우리 형은 牛足(우족) 요리를 무척 좋아합니다.
그래서 두 그릇을 먹고 나서야 滿足(만족)해 합니다.
누나는 牛足 요리를 해준다는 핑계로, 형을 마치 제 手足(수족)처럼 부려먹습니다.

- 牛足(우족) : 소의 발
- 滿足(만족) : 마음이 흐뭇함
- 手足(수족) : 손과 발

🐝 빈 칸에 알맞은 한자를 쓰세요.

우	족	만	족	수	족
牛	足	滿	足	手	足
牛		滿		手	

A203a

흐린 글자를 따라 쓰면서 足을 익히세요.

足은 족 이라고 읽고, 발 이라는 뜻입니다.

足은 사람의 발 모양을 본뜬 한자입니다.

足의 획수는 총 7 획입니다.

足이 들어 있는 足 부수 의 한자는 발 과 관련있습니다.

뜻과 음을 크게 읽으면서, 足을 쓰세요.

🐝 족부수의 한자를 알아봅시다.

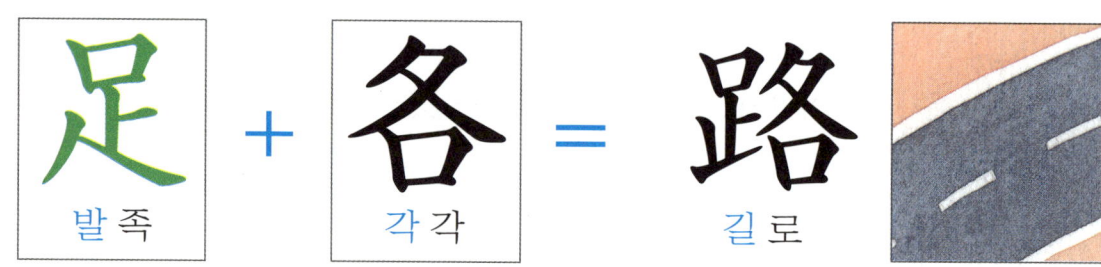

제 각각 발로 걸어가는 곳이 도로입니다.
참고 족부수는 𧾷 으로 씁니다.

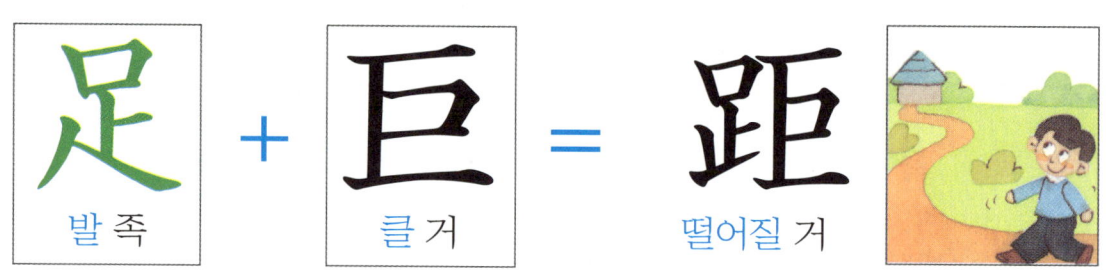

발로 걸어가기에 먼(큰) 곳은 떨어져 있다는 뜻입니다.

🐝 족부수의 한자에 ○표 하세요.

기탄한자 A204a

🐝 수레 차(車)에 대해 알아봅시다.

 차 또는 거라고 읽습니다.
수레 또는 바퀴라는 뜻입니다.

● 빈 칸에 알맞은 글을 쓰세요.

車는 ☐ 또는 ☐ 라고 읽고, ☐☐

또는 ☐☐ 라는 뜻입니다.

🐝 車는 수레를 본뜬 한자입니다.

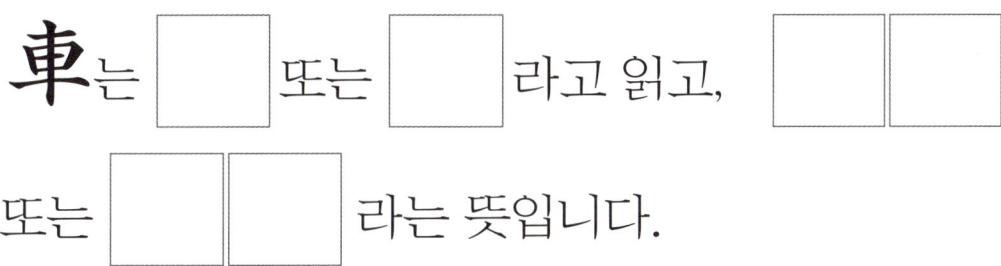

● 빈 칸에 알맞은 글을 쓰세요.

車는 ☐☐ 를 본뜬 한자입니다.

A204b

😊 필순에 따라 車를 바르게 쓰세요.

총 7획

車	車	車	車	車
車	車	車	車	車

● 뜻과 음을 소리내어 읽으면서 車를 쓰세요.

수레 차	수레 차	수레 차	수레 차	수레 차
車	車	車	車	車

● 빈 칸에 알맞은 한자와 뜻, 음을 쓰세요.

車				수레	차
한자	뜻	음	한자	뜻	음

글을 읽고, 車가 나오는 낱말을 알아봅시다.

電車(전차)와 汽車(기차)는
수증기나 전기로 움직입니다.
그리고 커서 많은 사람들이
타고 다닐 수 있습니다.
自轉車(자전거)는 기름이 들지 않아서
공해를 일으키지 않습니다.

- 電車(전차) : 전동기를 달고 궤도 위를 달리는 차량
- 汽車(기차) : 객차나 화차를 끄는 철도 차량
- 自轉車(자전거) : 페달을 밟아 바퀴를 돌리면서 앞으로 나아가게 만든 것

빈 칸에 알맞은 한자를 쓰세요.

전	차	자	전	거
電	車	自	轉	車
電		自	轉	

A205b

😊 흐린 글자를 따라 쓰면서 車를 익히세요.

車는 차 또는 거 라고 읽고, 수레 또는 바퀴 라는 뜻입니다.

車는 수레 모양을 본뜬 한자입니다.

車의 획수는 총 7 획입니다.

車가 들어 있는 車부수 의 한자는 차 또는 바퀴 와 관련있습니다.

😊 뜻과 음을 크게 읽으면서, 車를 쓰세요.

車	車	車	車	車	車
車	車	車	車	車	車

A206a ❖이름: ❖날짜: ❖시간 시 분~ 시 분

 車부수의 한자를 알아봅시다.

수레가 잘 달리는 것은 가벼운 것을 실었다는데서 가볍다를 뜻합니다.

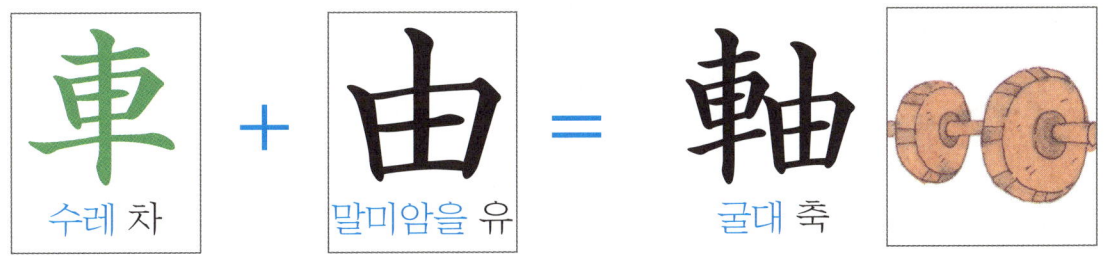

수레 바퀴는 굴대로 말미암아 굴러갑니다.

 車부수의 한자에 ○표 하세요.

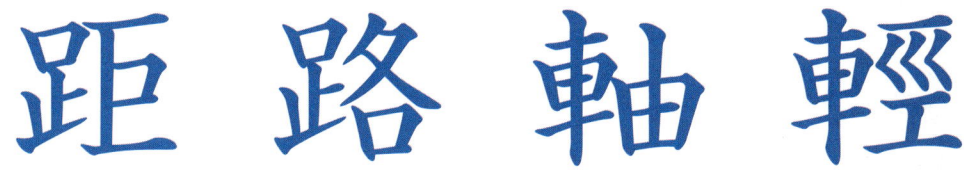

떨어질 거   길 로   굴대 축   가벼울 경

기탄 한자 A206b

뜻과 음을 읽으면서, 이번 주에 배운 한자를 쓰세요.

| 옷 의 衣 | 옷 의 衣 | 옷 의 衣 | 옷 의 衣 | 옷 의 衣 |

| 달릴 주 走 | 달릴 주 走 | 달릴 주 走 | 달릴 주 走 | 달릴 주 走 |

| 발 족 足 | 발 족 足 | 발 족 足 | 발 족 足 | 발 족 足 |

| 수레 차 車 | 수레 차 車 | 수레 차 車 | 수레 차 車 | 수레 차 車 |

😊 그림과 관계 있는 한자를 선으로 이어 보세요.

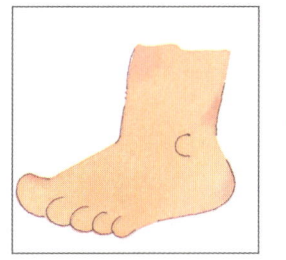

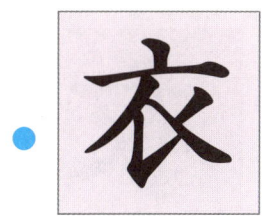

😊 부수가 같은 한자끼리 선을 이으세요.

옷 의

달릴 주

발 족

수레 차

떨어질 거

자루 대

 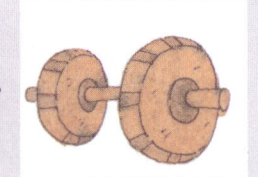
굴대 축

뛰어넘을 초

🙂 빈 칸에 알맞은 한자를 쓰세요.

의	복
	服

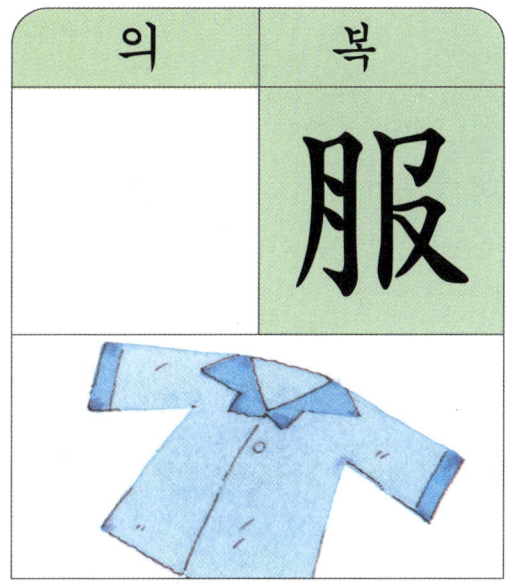

도	주
逃	

만	족
滿	

기	차
汽	

A208b

🙂 동화를 읽고, 빈 칸에 알맞은 한자를 쓰세요.

에이브러험 링컨

미국에서 남북전쟁이 한창일 때였습니다.
링컨 대통령은 馬車(마차)를 타고 어디론가
走行(주행;달려 감)하고 있었습니다.
링컨은 곧 한 병원에 도착했습니다.
병실마다 다친 병사들이 누워 있었는데,
衣服(의복)은 피투성이였으며, 義足(의족;가짜 다리)을 한 병사도
있었습니다. 그 때 죽음을 앞둔 한 환자가 링컨을
알아보지 못하고 부탁했습니다.
"제발 우리 어머니께 편지를 대신 써 주세요."
링컨은 눈물을 흘리면서 편지를 대신 썼습니다.
그리고 끝에 '링컨이 대신 썼습니다.'라고 썼습니다.
병사가 깜짝 놀라서 말했습니다.
"정말 대통령이세요? 대통령께서 제 손을 잡아 주신다면
마음 편하게 눈을 감을 수 있을 것 같습니다."
링컨은 병사가 죽을 때까지 오랫동안 손을 꼭 잡고 있었습니다.

옷 의	달릴 주	발 족	수레 차

A209a

보기에 따라 색칠하세요.

보기 衣:분홍색, 走:초록색, 足:노랑색, 車:빨강색

A209b

🙂 서로 알맞은 것끼리 선을 이으세요.

| 衣 | 走 | 足 | 車 |

| 달릴 | 옷 | 발 | 수레 |

| 의 | 족 | 차 | 주 |

빈 칸에 알맞은 부수를 쓰세요.

代 + ☐ = 袋

召 + ☐ = 超

☐ + 巨 = 距

☐ + 由 = 軸

😊 독립이 30분이나 늦어졌다

개인별·능력별 학습 프로그램

A 단계 교재 A211a-A225b

이번 주에 배울 한자

示	門	行	金
보일 시	문 문	다닐 행	쇠 금

금주평가

	읽기	쓰기	이번 주는?
	Ⓐ 아주 잘함	Ⓐ 아주 잘함	· 학습방법 ❶ 매일매일 ❷ 가끔 ❸ 한꺼번에 - 하였습니다.
	Ⓑ 잘함	Ⓑ 잘함	· 학습태도 ❶ 스스로 잘 ❷ 시켜서 억지로 - 하였습니다.
	Ⓒ 보통	Ⓒ 보통	· 학습흥미 ❶ 재미있게 ❷ 실증내며 - 하였습니다.
	Ⓓ 부족함	Ⓓ 부족함	· 교재내용 ❶ 적합하다고 ❷ 어렵다고 ❸ 쉽다고 - 하였습니다.

♣ 지도 교사가 부모님께

♣ 부모님이 지도 교사께

종합평가 Ⓐ 아주 잘함   Ⓑ 잘함   Ⓒ 보통   Ⓓ 부족함

원교   반 이름   전화

기탄교육
www.gitan.co.kr / (02)586-1007(대)

🙂 지난 주에 배운 한자를 큰 소리로 읽으면서 써 보세요.

옷 의 衣	옷 의	옷 의	옷 의	옷 의
	衣	衣	衣	衣

달릴 주 走	달릴 주	달릴 주	달릴 주	달릴 주
	走	走	走	走

발 족 足	발 족	발 족	발 족	발 족
	足	足	足	足

수레 차 車	수레 차	수레 차	수레 차	수레 차
	車	車	車	車

😊 이번 주에 배울 한자를 큰 소리로 읽어 보세요.

示 보일 시

門 문 문

行 다닐(행할) 행

金 쇠 금

🐛 보일 시(示)에 대해 알아봅시다.

示	시라고 읽습니다.
보일 시	보인다는 뜻입니다.

● 빈 칸에 알맞은 글을 쓰세요.

示는 □라 읽고, □□□는 뜻입니다.

🐛 示는 두 이(二)와 작을 소(小)를 합친 한자입니다.

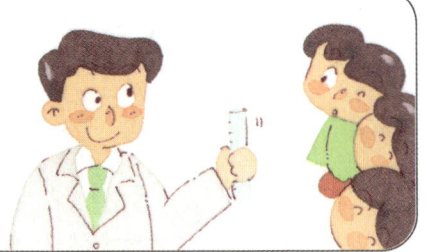

● 빈 칸에 알맞은 한자를 쓰세요.

示는 □와 □를 합친 한자입니다.

A212a ◆이름: ◆날짜: ◆시간 시 분~ 시 분

 필순에 따라 示를 바르게 쓰세요.

총 5획

● 뜻과 음을 소리내어 읽으면서 示를 쓰세요.

보일 시	보일 시	보일 시	보일 시	보일 시
示				

● 빈 칸에 알맞은 한자와 뜻, 음을 쓰세요.

示				보일	시
한자	뜻	음	한자	뜻	음

A212b

😊 글을 읽고, 示가 나오는 낱말을 알아봅시다.

우리 학교는 자율 학습 示範(시범) 학교에요.
교문 앞에 '示範 학교'라고
明示(명시)되어 있지요.
선생님들은 숙제 대신 스스로 학습할
내용을 提示(제시)해 주신답니다.

● 示範(시범) : 모범이 됨   ● 明示(명시) : 분명하게 밝힘
● 提示(제시) : 글이나 말로 자기 뜻을 드러냄

😊 빈 칸에 알맞은 한자를 쓰세요.

시	범	명	시	제	시
示	範	明	示	提	示
	範	明		提	

A213a ❖이름: ❖날짜: ❖시간   시   분~   시   분

🙂 흐린 글자를 따라 쓰면서 示를 익히세요.

示는 시 라고 읽고, 보인다 라는 뜻입니다.

示는 두 이(二) 와 작을 소(小) 를 합친 한자입니다.

示의 획수는 총 5 획입니다.

示가 한자의 왼쪽 에서 부수로 사용될 때는 礻 로 변하며

보일시변 이라고 읽습니다.

示부수(礻) 의 한자는 보여주는 것 과 관련있습니다.

🙂 뜻과 음을 크게 읽으면서, 示를 쓰세요.

示	示	示	示	示	示
示	示	示	示	示	示

示부수의 한자를 알아봅시다.

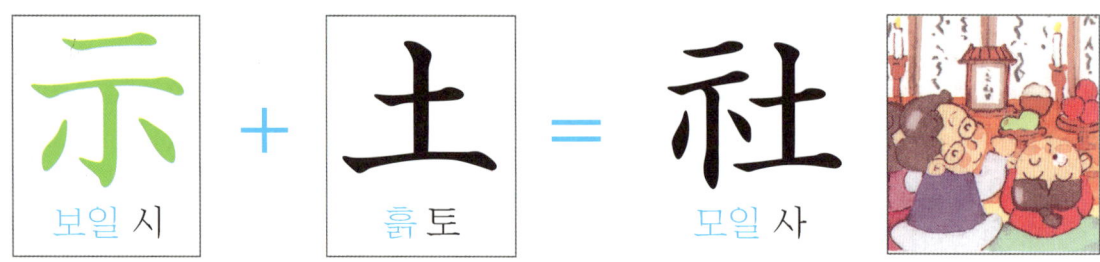

토지 신에게 바칠 음식을 보이려고 제사에 모인다는 뜻입니다.
참고 示부수는 礻로도 씁니다.

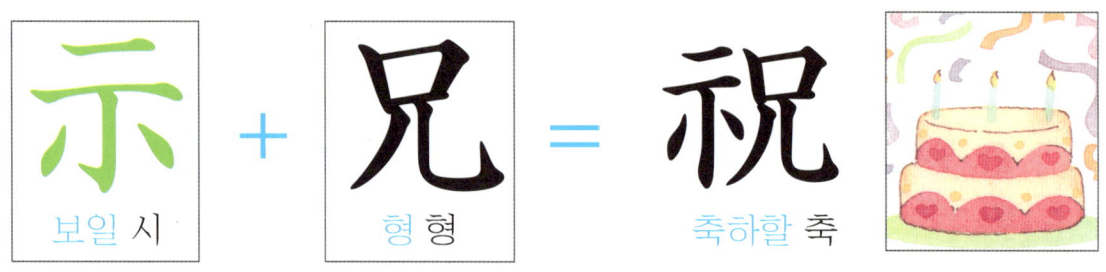

형이 아우에게 생일 축하 케이크를 보여 줍니다.

示부수의 한자에 ○표 하세요.

문 문(門)에 대해 알아봅시다.

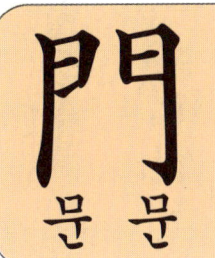
門
문 문

문이라고 읽습니다.
문이라는 뜻입니다.

● 빈 칸에 알맞은 글을 쓰세요.

門은 ☐ 이라고 읽고, ☐ 이라는 뜻입니다.

門은 대문 모양을 본뜬 한자입니다.

● 빈 칸에 알맞은 글을 쓰세요.

門은 ☐☐ 모양을 본뜬 한자입니다.

A214b

😊 필순에 따라 門을 바르게 쓰세요.

총 8획

● 뜻과 음을 소리내어 읽으면서 門을 쓰세요.

문 문	문 문	문 문	문 문	문 문
門	門	門	門	門

● 빈 칸에 알맞은 한자와 뜻, 음을 쓰세요.

門		
한자	뜻	음

	문	문
한자	뜻	음

글을 읽고, 門이 나오는 낱말을 알아봅시다.

서울에는 4大門(대문)이 있습니다.
남대문, 동대문, 서대문, 북문이 그것입니다.
우리 학교에는 校門(교문)이 있습니다.
학교의 正門(정문)이지요.

- 大門(대문): 큰 문
- 校門(교문): 학교 건물의 정문
- 正門(정문): 집이나 건물의 앞문

빈 칸에 알맞은 한자를 쓰세요.

대	문	교	문	정	문
大	門	校	門	正	門
大		校		正	

😊 흐린 글자를 따라 쓰면서 門을 익히세요.

門은 문 이라고 읽고, 문 이라는 뜻입니다.

門은 대문 모양을 본뜬 한자입니다.

門의 획수는 총 8 획입니다.

門이 들어 있는 門부수 의 한자는 문 과 관련있습니다.

😊 뜻과 음을 크게 읽으면서 門을 쓰세요.

🐛 門부수의 한자를 알아봅시다.

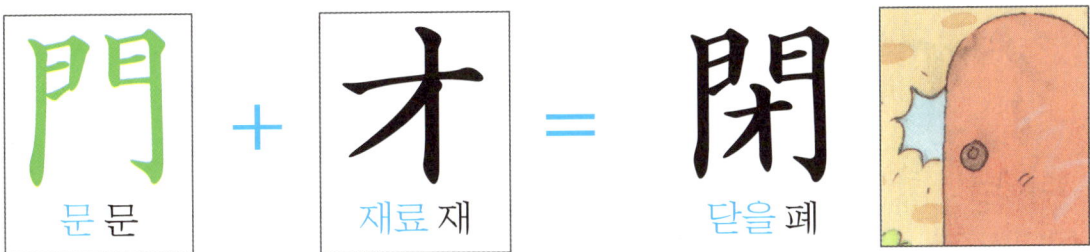

나무 같은 재료로 문을 닫는다는 뜻입니다.

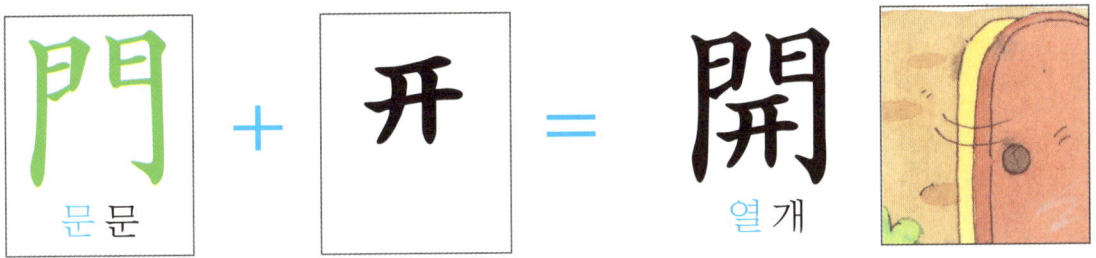

문을 평평하게 연다는 뜻입니다.

🐛 門부수의 한자에 ○표 하세요.

😊 다닐(행할) 행(行)에 대해 알아봅시다.

 행이라고 읽습니다.
다닌다 또는 행동한다는 뜻입니다.

● 빈 칸에 알맞은 글을 쓰세요.

行은 □ 이라 읽고, □□□ 또는

□□□□ 는 뜻입니다.

😊 行은 사람이 많이 다니는 네거리 모양을 본뜬 한자입니다.

● 빈 칸에 알맞은 글을 쓰세요.

行은 □□□ 를 본뜬 한자입니다.

필순에 따라 行을 바르게 쓰세요.

총 6획

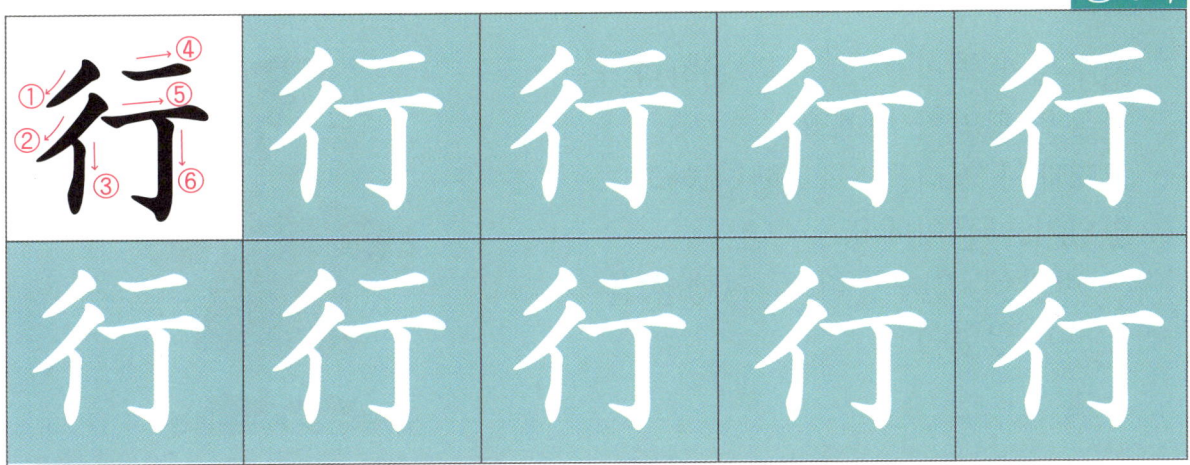

● 뜻과 음을 소리내어 읽으면서 行을 쓰세요.

다닐(행할)행	다닐(행할)행	다닐(행할)행	다닐(행할)행	다닐(행할)행
行	行	行	行	行

● 빈 칸에 알맞은 한자와 뜻, 음을 쓰세요.

行				다닐	행
한자	뜻	음	한자	뜻	음

😊 글을 읽고, 行이 나오는 낱말을 알아봅시다.

친구들과 거리를 通行(통행)하다가
한눈을 팔았지 뭐예요.
고적대가 거리를 行進(행진)하고
있었기 때문이에요.
그 바람에 친구들의 行方(행방)을
놓치고 말았어요.

- 通行(통행): 길로 다님
- 行進(행진): 앞으로 나아감
- 行方(행방): 간 곳

😊 빈 칸에 알맞은 한자를 쓰세요.

통	행	행	진	행	방
通	行	行	進	行	方
通			進		方

기탄한자

A218a

🐛 흐린 글자를 따라 쓰면서 行을 익히세요.

行은 행 이라고 읽고, 다닌다 또는 행동한다 는 뜻입니다.

行은 사람이 다니는 사거리 를 본뜬 한자입니다.

行의 획수는 총 6 획입니다.

行이 들어 있는 行부수 의 한자는

다니거나 행동하는 것 과 관련있습니다.

🐛 뜻과 음을 크게 읽으면서, 行을 쓰세요.

🙂 行부수의 한자를 알아봅시다.

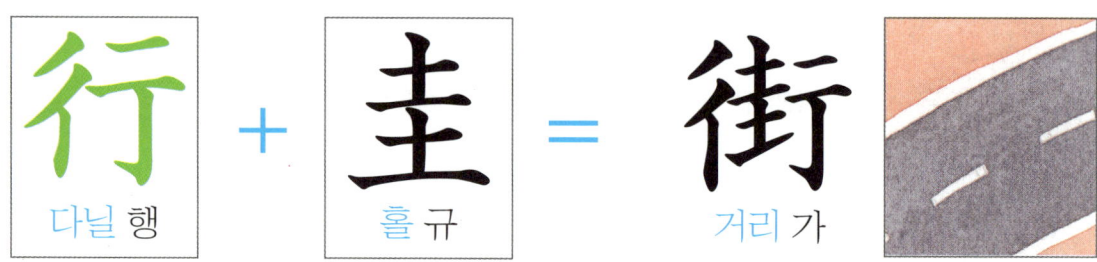

사람이 다니는 거리는 圭자처럼 복잡하게 생겼습니다.

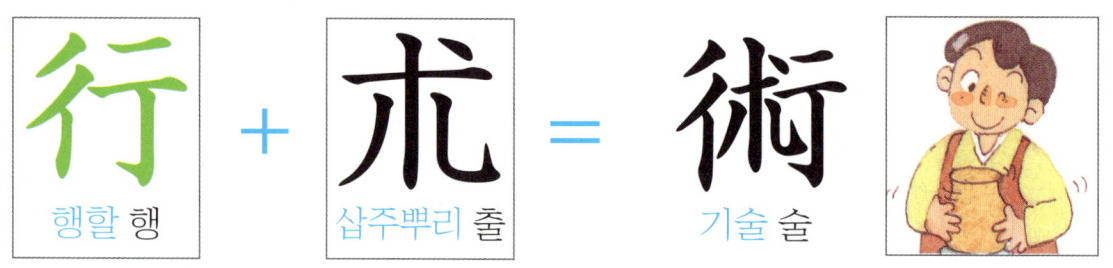

삽주뿌리가 약으로 쓰이듯, 사람이 살아가는데에 기술 하나 정도는 꼭 필요합니다.

🙂 行부수의 한자에 ○표 하세요.

쇠 금(金)에 대해 알아봅시다.

金
쇠 금

금 또는 김이라고 읽습니다.
쇠 또는 금, 돈이라는 뜻입니다.

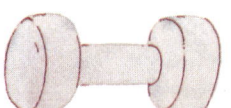

● 빈 칸에 알맞은 글을 쓰세요.

金은 ☐ 또는 ☐ 이라고 읽고,
☐ 또는 ☐, ☐ 이라는 뜻입니다.

金은 금이 땅 속에 묻혀 있다는 것을 나타낸 한자입니다.

● 빈 칸에 알맞은 글을 쓰세요.

金은 금이 ☐ 속에 묻혀 있다는 뜻의 한자입니다.

A219b

😊 필순에 따라 金을 바르게 쓰세요.

총 8획

● 뜻과 음을 소리내어 읽으면서 金을 쓰세요.

쇠 금

● 빈 칸에 알맞은 한자와 뜻, 음을 쓰세요.

金		
한자	뜻	음

	쇠	금
한자	뜻	음

글을 읽고, 金이 나오는 낱말을 알아봅시다.

우리 마을 金氏(김씨) 아저씨는
큰 부자입니다.
집도 크고, 돈도 많습니다.
金庫(금고)에는 항상 黃金(황금)과
돈이 가득 들어 있답니다.
金氏 아저씨는 가난한 사람들을
돕는 일에도 앞장을 섭니다.

- 金氏(김씨) : 성으로 쓸 때는 '김'이라고 읽는다
- 金庫(금고) : 돈 통 ● 黃金(황금) : 금의 또 다른 말

빈 칸에 알맞은 한자를 쓰세요.

김	씨	금	고	황	금
金	氏	金	庫	黃	金
	氏		庫	黃	

흐린 글자를 따라 쓰면서 金을 익히세요.

金은 금 또는 김 이라고 읽고, 쇠, 금 또는 돈 이라는 뜻입니다.

金은 땅속에 묻혀 있는 금 을 본뜬 한자입니다.

金의 획수는 총 8 획입니다.

金이 들어 있는 金부수 의 한자는 쇠, 금, 돈 과 관련있습니다.

金이 성씨 로 사용될 때는 김 이라고 읽습니다.

뜻과 음을 크게 읽으면서, 金을 쓰세요.

金	金	金	金	金
金	金	金	金	金

A221a ◆이름: ◆날짜: ◆시간 시 분~ 시 분

 金부수의 한자를 알아봅시다.

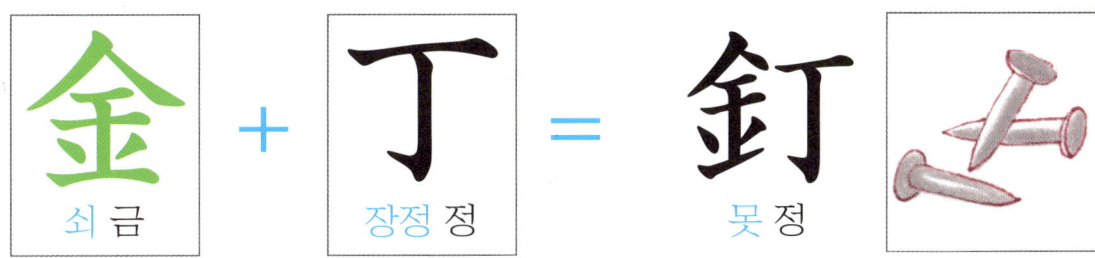

장정(젊은 남자)이 쇠로 만든 것이 못입니다.

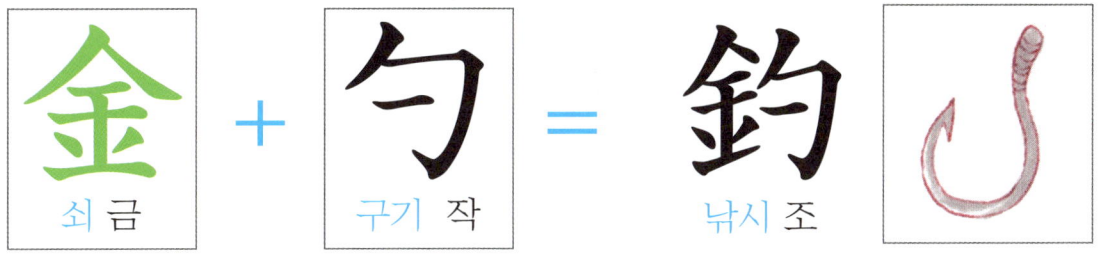

쇠를 勺 모양으로 구부려 낚시 바늘을 만듭니다.

 金부수의 한자에 ○표 하세요.

A221b

🙂 뜻과 음을 읽으면서, 이번 주에 배운 한자를 쓰세요.

보일 시 示	보일 시	보일 시	보일 시	보일 시

문 문 門	문 문	문 문	문 문	문 문

다닐 행 行	다닐 행	다닐 행	다닐 행	다닐 행

쇠 금 金	쇠 금	쇠 금	쇠 금	쇠 금

그림과 관계 있는 한자를 이어 보세요.

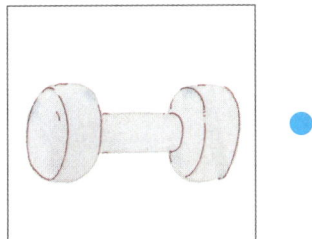

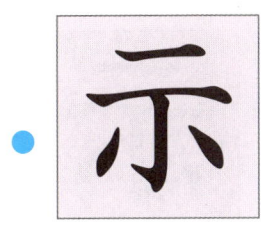
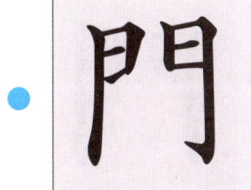
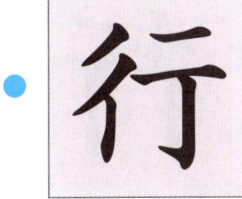

😊 부수가 같은 한자끼리 선을 이으세요.

보일 시

문 문

다닐 행

쇠 금

모일 사

거리 가

낚시 조

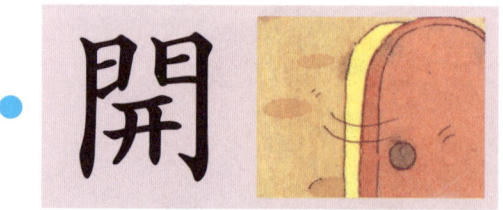
열 개

A223a

빈 칸에 알맞은 한자를 쓰세요.

시	범
	範

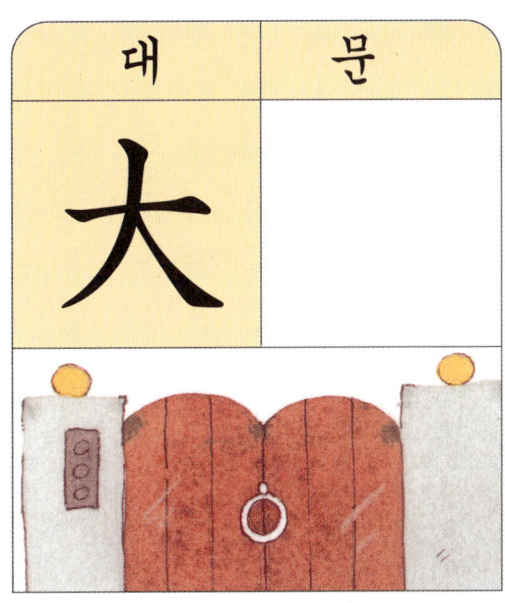

대	문
大

행	진
	進

금	고
	庫

A223b

🙂 동화를 읽고, 빈 칸에 알맞은 한자를 쓰세요.

늑대와 양

엄마 양이 은행에 貯金(저금)하러 나가는 것을 보고,
늑대가 새끼 양들을 잡아 먹으려고 왔어요.
늑대는 털에 밀가루를 잔뜩 바르고, 엄마 양 목소리를 흉내냈어요.
"얘들아, 門(문) 열어라. 엄마가 왔다."
그리고는 마치 엄마 양처럼 行動(행동)했어요.
새끼 양들은 안심하고 문을 열어주었어요.
그러자 늑대는 닥치는 대로 잡아 먹었어요.
배가 부른 늑대가 잠이 들었을 때,
엄마 양이 와서 보고 깜짝 놀랐어요.
엄마 양은 늑대의 배를 가위로 갈라 새끼 양들을 구했어요.
그 다음엔 새끼 양들에게 늑대 뱃속에 돌을 집어넣는
示範(시범)을 보였어요. 새끼 양들도 돌을 가져와서
늑대 뱃속을 채웠어요.
잠에서 깬 늑대는 물을 먹으려다가,
몸이 무거워서 우물에 빠져 죽었대요.

보일 시	문 문	다닐 행	쇠 금

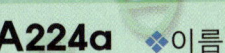 A224a

😊 보기에 따라 색칠하세요.

보기 示:분홍색, 門:파랑색, 行:노랑색, 金: 빨강색

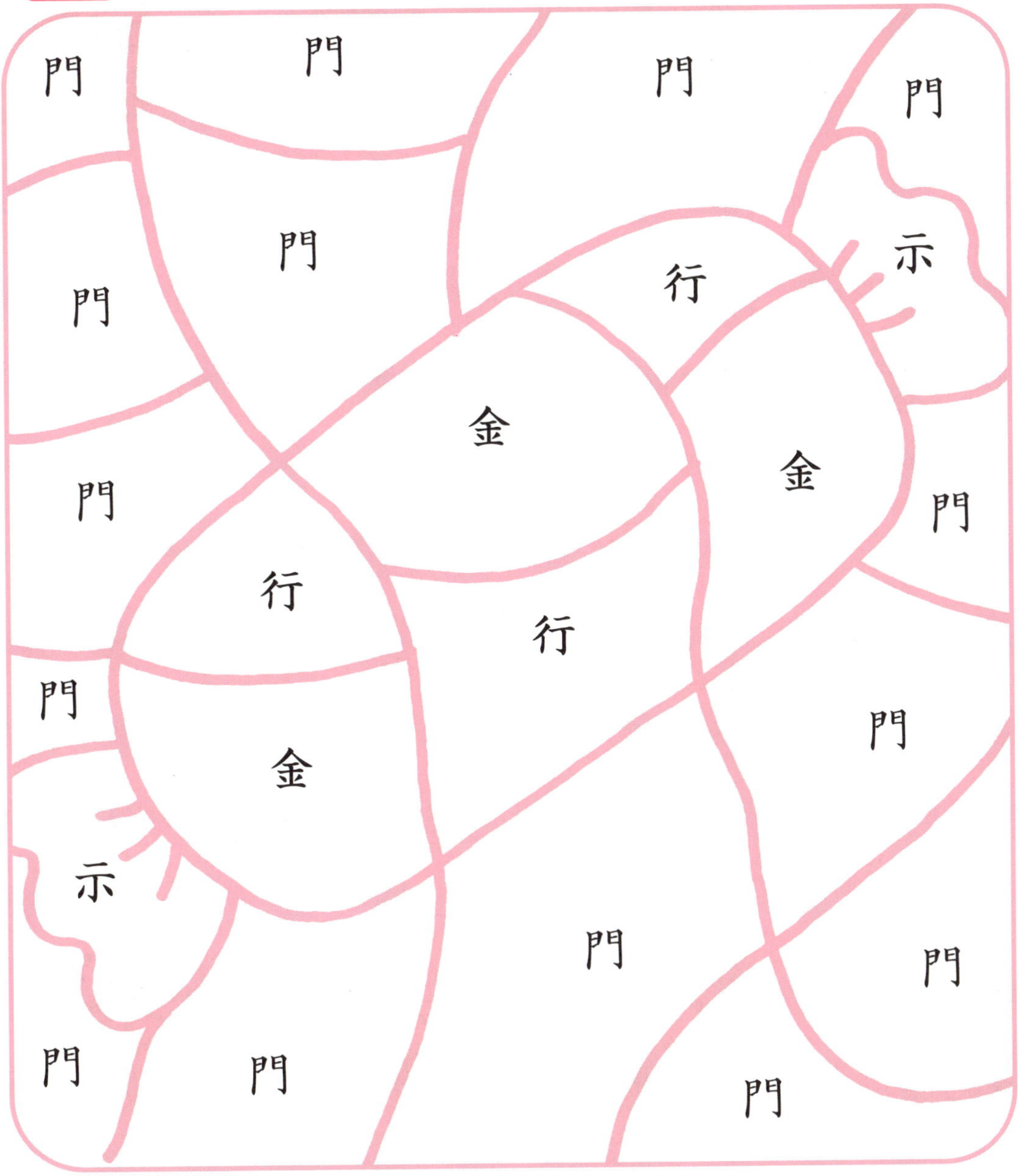

A224b

😊 서로 알맞은 것끼리 선을 이으세요.

示　門　行　金

문　다닐　쇠　보일

금　시　문　행

A225a ◆이름: ◆날짜: ◆시간 시 분~ 시 분

🙂 빈 칸에 알맞은 부수를 쓰세요.

☐ + 土 = 社

☐ + 开 = 開

☐ + 圭 = 街

☐ + 勻 = 鈞

😊 일은 여러분들이 하십시오

개인별·능력별 학습 프로그램

A 단계 교재 A226a-A240b

기탄한자 한석봉

이번 주에 배울 한자

非	斗	皮	穴
아닐 비	말 두	가죽 피	구멍 혈

금주평가

	읽기	쓰기
	Ⓐ 아주 잘함	Ⓐ 아주 잘함
	Ⓑ 잘함	Ⓑ 잘함
	Ⓒ 보통	Ⓒ 보통
	Ⓓ 부족함	Ⓓ 부족함

이번 주는?

- 학습방법 ① 매일매일 ② 가끔 ③ 한꺼번에
  - 하였습니다.
- 학습태도 ① 스스로 잘 ② 시켜서 억지로
  - 하였습니다.
- 학습흥미 ① 재미있게 ② 싫증내며
  - 하였습니다.
- 교재내용 ① 적합하다고 ② 어렵다고 ③ 쉽다고
  - 하였습니다.

♣ 지도 교사가 부모님께

♣ 부모님이 지도 교사께

| 종합평가 | Ⓐ 아주 잘함 | Ⓑ 잘함 | Ⓒ 보통 | Ⓓ 부족함 |

원교   반 이름   전화

🙂 지난 주에 배운 한자를 큰 소리로 읽으면서 써 보세요.

보일 시 示	보일 시 示	보일 시 示	보일 시 示	보일 시 示

문 문 門	문 문 門	문 문 門	문 문 門	문 문 門

다닐 행 行	다닐 행 行	다닐 행 行	다닐 행 行	다닐 행 行

쇠 금 金	쇠 금 金	쇠 금 金	쇠 금 金	쇠 금 金

A226a

이번 주에 배울 한자를 큰 소리로 읽어 보세요.

非 아닐 비

皮 가죽 피

斗 말 두

穴 구멍 혈

👁 아닐 비(非)에 대해 알아봅시다.

비라고 읽습니다.
아니라는 뜻입니다.

● 빈 칸에 알맞은 글을 쓰세요.

非는 □라고 읽고, □□ 라는 뜻입니다.

👁 非는 새가 날개를 반대로 펼친 모양의 한자입니다.

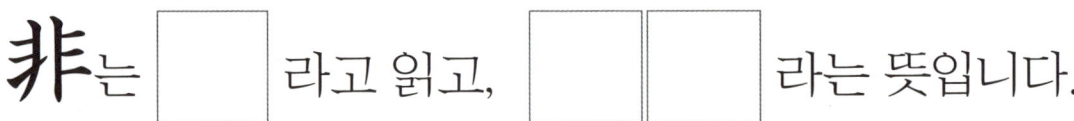

● 빈 칸에 알맞은 글을 쓰세요.

非는 반대로 펼친 □의 날개 모양입니다.

A227a ◆이름: ◆날짜: ◆시간 시 분~ 시 분

 필순에 따라 非를 바르게 쓰세요.

총 8획

● 뜻과 음을 소리내어 읽으면서 非를 쓰세요.

아닐 비	아닐 비	아닐 비	아닐 비	아닐 비
非	非	非	非	非

● 빈 칸에 알맞은 한자와 뜻, 음을 쓰세요.

非				아닐비	
한자	뜻	음	한자	뜻	음

A227b

😊 글을 읽고, 非가 나오는 낱말을 알아봅시다.

非常(비상) 사태가 일어났어요.
경찰차가 급하게 들이 닥쳤어요.
공원에서 나쁜 형들이 非行(비행)을
저질렀대요.
"저런 나쁜 놈들! 지나가는 아이들의
돈을 빼앗았다면서요."
동네 어른들이 그 형들을 非難(비난)했어요.

● 非常(비상):예사로운 일이 아님 ● 非行(비행):나쁜 짓
● 非難(비난):남의 잘못을 나무람

😊 빈 칸에 알맞은 한자를 쓰세요.

비	상	비	행	비	난
非	常	非	行	非	難
	常		行		難

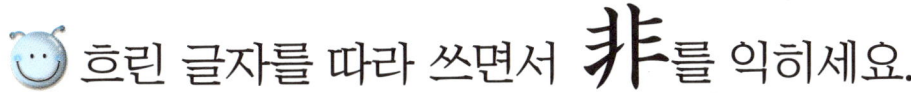

흐린 글자를 따라 쓰면서 非를 익히세요.

非는 비 라고 읽고, 정상적인 것이 아니다 라는 뜻입니다.

非는 반대로 펼쳐진 새의 날개 모양 을 본뜬 한자입니다.

非의 획수는 총 8 획입니다.

非가 들어 있는 非부수 의 한자는 정상적인 것이 아니라는 것 과 관련있습니다.

뜻과 음을 크게 읽으면서, 非를 쓰세요.

非	非	非	非	非
非	非	非	非	非

A228b

참고 非가 들어간 한자를 알아봅시다.

마음이 잔잔하지 않으니 슬픕니다.
悲는 心 부수의 한자입니다.

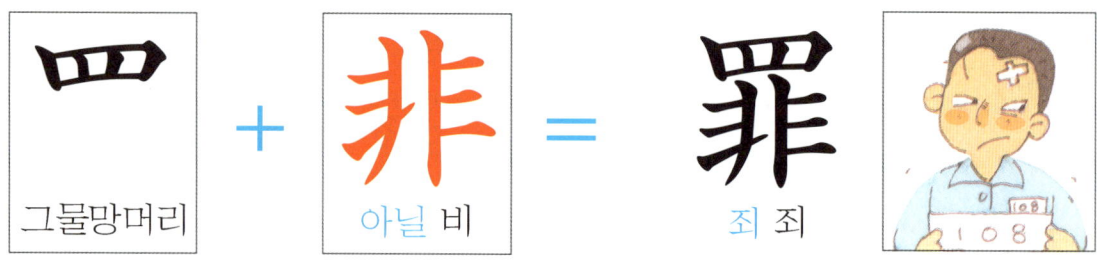

옳지 아니한 일을 하면 법의 그물에 걸려 감옥에 들어갑니다.
罪는 그물망 머리(罒) 부수의 한자입니다.

非가 들어간 한자에 ○표 하세요.

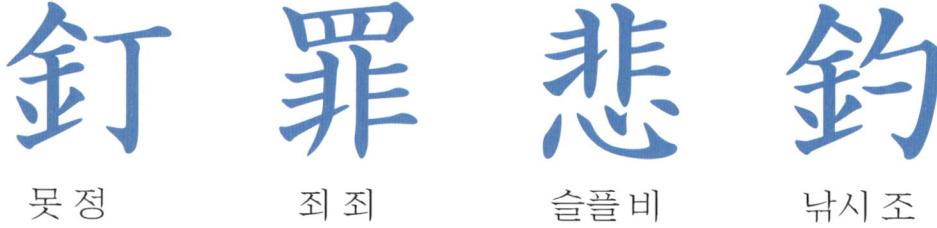

😊 말 두(斗)에 대해 알아봅시다.

斗
말 두

두라고 읽습니다.
곡식을 담아 재는 말이라는 뜻입니다.

● 빈 칸에 알맞은 글을 쓰세요.

斗는 [　] 라고 읽고, [　] 이라는 뜻입니다.

😊 斗는 말의 모양을 본뜬 한자입니다.

● 빈 칸에 알맞은 글을 쓰세요.

斗는 [　] 을 본뜬 한자입니다.

A229b

● 필순에 따라 斗를 바르게 쓰세요.

총 4획

● 뜻과 음을 소리내어 읽으면서 斗를 쓰세요.

말 두	말 두	말 두	말 두	말 두
斗	斗	斗	斗	斗

말 두	말 두	말 두	말 두	말 두
斗	斗	斗	斗	斗

● 빈 칸에 알맞은 한자와 뜻, 음을 쓰세요.

斗				말	두
한자	뜻	음	한자	뜻	음

글을 읽고, 斗가 나오는 낱말을 알아봅시다.

할머니 그동안 안녕하셨어요?
추수가 끝났다고 하니, 이제 창고에는
斗穀(두곡)이 가득 쌓이겠군요.
그리고 할아버지께서는 이제 마음을 놓고
斗酒(두주)를 드시겠네요. 할머니와 함께
밤하늘의 斗星(두성)을 보면서
지내던 지난 여름 방학이 그립습니다.

- 斗穀(두곡): 많은 곡식 ● 斗酒(두주): 많은 양의 술
- 斗星(두성): 북두칠성의 준말

빈 칸에 알맞은 한자를 쓰세요.

두	곡	두	주	두	성
斗	穀	斗	酒	斗	星
	穀		酒		星

A230b

🙂 흐린 글자를 따라 쓰면서 斗를 익히세요.

斗는 두 라고 읽고, 곡식의 양을 재는 말 또는 많다 는 뜻입니다.

斗는 말 모양을 본뜬 한자입니다.

斗의 획수는 총 4 획입니다.

斗가 들어 있는 斗부수 의 한자는 말 또는 많은 것과 관련있습니다.

🙂 뜻과 음을 크게 읽으면서 斗를 쓰세요.

斗	斗	斗	斗	斗	斗
斗	斗	斗	斗	斗	斗

🙂 斗부수의 한자를 알아봅시다.

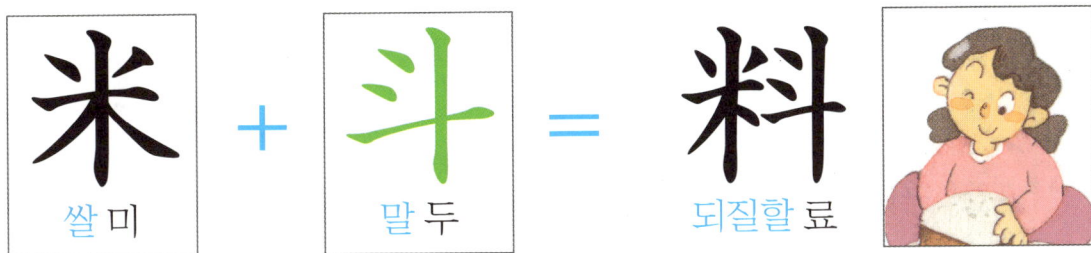

말에 든 쌀을 되질한다는 뜻입니다.

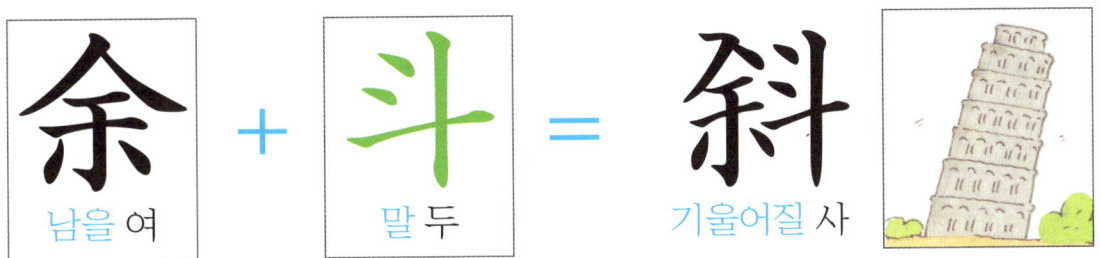

남은 쌀을 비우려면 말을 기울여야 합니다.

🙂 斗부수의 한자에 ○표 하세요.

 A231b

🙂 가죽 피(皮)에 대해 알아봅시다.

皮
가죽 피

피라고 읽습니다.
가죽이라는 뜻입니다.

● 빈 칸에 알맞은 글을 쓰세요.

皮는 ☐ 라고 읽고, ☐☐ 이라는 뜻입니다.

🙂 皮는 짐승의 가죽을 본뜬 한자입니다.

● 빈 칸에 알맞은 글을 쓰세요.

皮는 짐승의 ☐☐ 을 본뜬 한자입니다.

A232a

● 필순에 따라 皮를 바르게 쓰세요.

총 5획

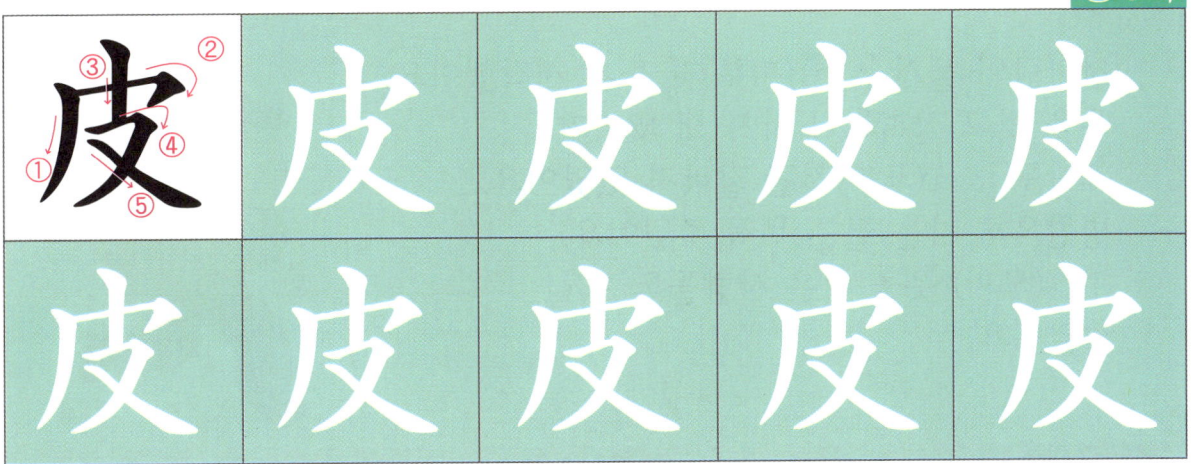

● 뜻과 음을 소리내어 읽으면서 皮를 쓰세요.

가죽 피	가죽 피	가죽 피	가죽 피	가죽 피
皮	皮	皮	皮	皮

● 빈 칸에 알맞은 한자와 뜻, 음을 쓰세요.

皮					가죽 피
한자	뜻	음	한자	뜻	음

A232b

😊 글을 읽고, 皮가 나오는 낱말을 알아봅시다.

찬바람이 불자, 皮膚(피부)가 트기 시작했어요.
옷을 벗고 살펴보니 마치 내 皮膚가
소나무 表皮(표피)처럼 갈라져 있었어요.
병원으로 가는 길은 무척 추웠어요.
毛皮(모피) 옷을 입은 사람들도
많았어요.

● 皮膚(피부) : 사람이나 동물의 몸을 싸고 있는 부분
● 表皮(표피) : 겉껍질 ● 毛皮(모피) : 털 달린 가죽

😊 빈 칸에 알맞은 한자를 쓰세요.

피	부	표	피	모	피
皮	膚	表	皮	毛	皮
	膚	表		毛	

A233a ❖이름: ❖날짜: ❖시간 시 분~ 시 분

😊 흐린 글자를 따라 쓰면서 皮를 익히세요.

皮는 피 라고 읽고, 가죽 또는 껍데기 라는 뜻입니다.

皮는 짐승의 가죽 모양을 본뜬 한자입니다.

皮의 획수는 총 5 획입니다.

皮가 들어 있는 皮부수 의 한자는 가죽 또는 껍데기와 관련있습니다.

😊 뜻과 음을 크게 읽으면서, 皮를 쓰세요.

皮	皮	皮	皮	皮	皮
皮	皮	皮	皮	皮	皮

참고 皮가 들어간 한자를 알아봅시다.

물의 표면(가죽)이 움직이는 것이 물결입니다.
波는 삼수변(氵)부수의 한자입니다.

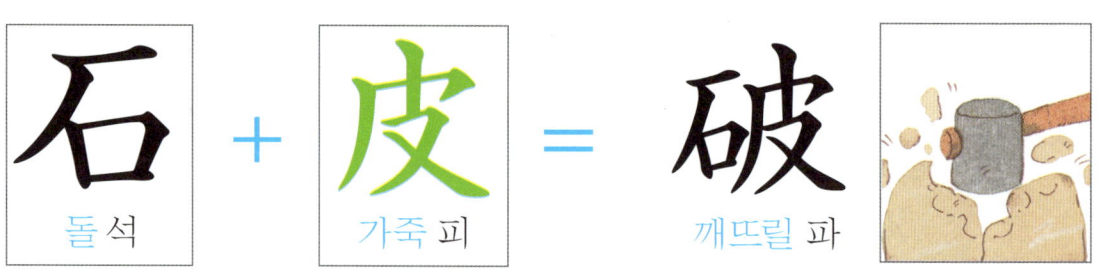

시간이 지나면 돌의 표면(거죽)이 서서히 깨집니다.
破는 돌석(石)부수의 한자입니다.

皮가 들어간 한자에 ○표 하세요.

😊 구멍 혈(穴)에 대해 알아봅시다.

| 穴
구멍 혈 | 혈이라고 읽습니다.
구멍이라는 뜻입니다. |  |

● 빈 칸에 알맞은 글을 쓰세요.

穴은 ☐ 이라고 읽고, ☐☐ 이라는 뜻입니다.

😊 穴은 굴 모양을 본뜬 한자입니다.

● 빈 칸에 알맞은 글을 쓰세요.

穴은 ☐ 모양을 본뜬 한자입니다.

A234b

● 필순에 따라 穴을 바르게 쓰세요.

총 5획

● 뜻과 음을 소리내어 읽으면서 穴을 쓰세요.

구멍 혈	구멍 혈	구멍 혈	구멍 혈	구멍 혈
穴	穴	穴	穴	穴

● 빈 칸에 알맞은 한자와 뜻, 음을 쓰세요.

穴		
한자	뜻	음

	구멍	혈
한자	뜻	음

글을 읽고, 穴이 나오는 낱말을 알아봅시다.

구석기시대 사람들은
穴居(혈거) 생활을 했대요.
개미가 蟻穴(의혈)에서 살듯이 말이에요.
신석기 시대 사람들은
穴農(혈농)을 했어요.

- 穴居(혈거):굴을 파고 그 속에서 사는 것
- 蟻穴(의혈):개미 굴
- 穴農(혈농):작은 규모로 짓는 농사

빈 칸에 알맞은 한자를 쓰세요.

혈	거	의	혈	혈	농
穴	居	蟻	穴	穴	農
	居	蟻			農

A235b

😊 흐린 글자를 따라 쓰면서 穴을 익히세요.

穴은 혈 이라고 읽고, 구멍 또는 동굴 이라는 뜻입니다.

穴은 동굴 모양을 본뜬 한자입니다.

穴의 획수는 총 5 획입니다.

穴이 들어 있는 穴부수 의 한자는 구멍 또는 동굴 과 관련있습니다.

😊 뜻과 음을 크게 읽으면서, 穴을 쓰세요.

穴부수의 한자를 알아봅시다.

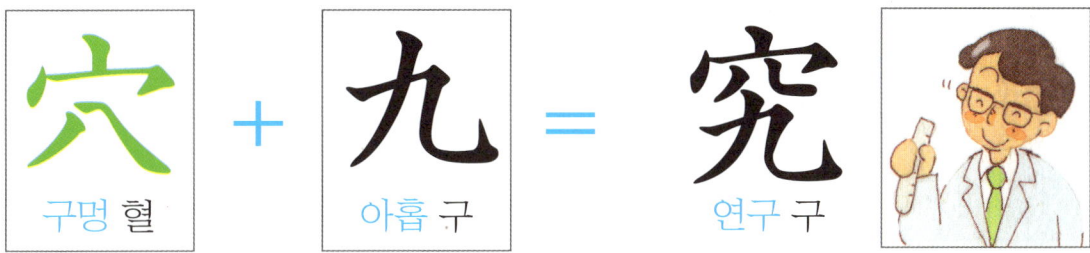

아홉 개 구멍에 들어가듯이 꾸준히 연구한다는 뜻입니다.

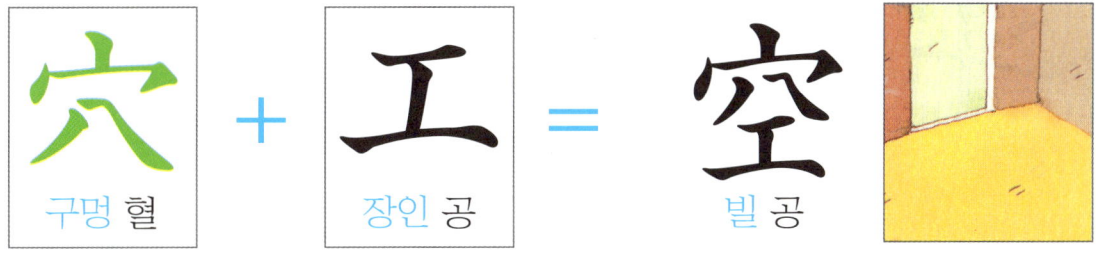

장인이 땅에 구멍을 파니, 땅 속이 텅텅 비게 됩니다.

 穴부수의 한자에 ○표 하세요.

A236b

뜻과 음을 읽으면서, 이번 주에 배운 한자를 쓰세요.

아닐 비 非	아닐 비 非	아닐 비 非	아닐 비 非	아닐 비 非

말 두 斗	말 두 斗	말 두 斗	말 두 斗	말 두 斗

가죽 피 皮	가죽 피 皮	가죽 피 皮	가죽 피 皮	가죽 피 皮

구멍 혈 穴	구멍 혈 穴	구멍 혈 穴	구멍 혈 穴	구멍 혈 穴

 A237a

🙂 그림과 관계 있는 한자를 선으로 이어 보세요.

 • •

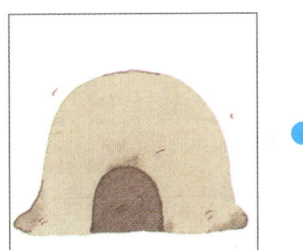 • •

 • •

 • •

🐛 서로 관계 있는 한자끼리 선을 이으세요.

마음 심

말 두

물 수변

구멍 혈

기울어질 사

슬플 비

빌 공

물결 파

A238a

빈 칸에 알맞은 한자를 쓰세요

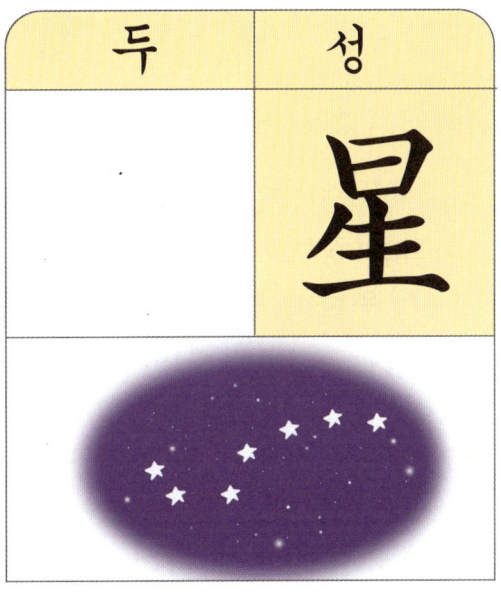

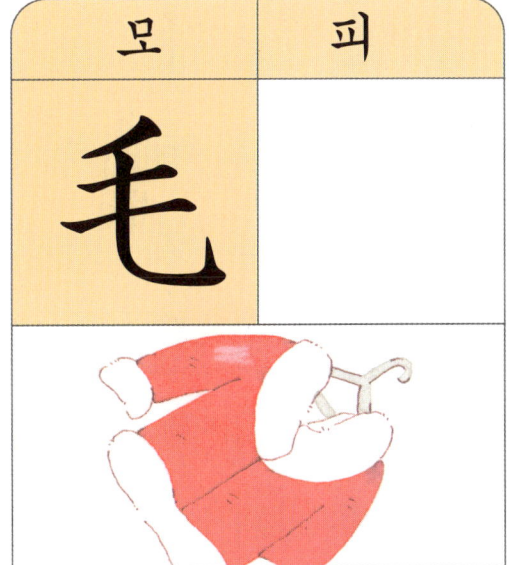

A238b

🙂 동화를 읽고, 빈 칸에 알맞은 한자를 쓰세요.

술로 망한 장비

삼국지의 장비는 용감하기도 했지만,
斗酒(두주;많은 양의 술)를 마다 하지 않는 사람이었습니다.
유비는 장비에게 성을 맡기고 조조의 군사와 싸우러 갔습니다.
그 날부터 장비는 술을 마시기 시작했습니다.
"우리는 穴居(혈거)하면서 망을 보고 있는데,
장군이라는 사람이 매일 술이나 마시다니, 쯧쯧."
부하들이 장비를 非難(비난)했습니다.
장비는 이 말을 듣고 무척 화를 냈습니다.
그래서 자기를 비난한 부하를 잡아 매질을 했습니다.
매를 맞은 부하의 皮膚(피부)는 피범벅이 되었습니다.
이에 앙심을 품은 부하가 잠이 든 장비를 묶어서 조조에게
항복했습니다. 장비는 그제야 후회했지만 소용이 없었습니다.

아닐 비	말 두	가죽 피	구멍 혈

A239a

 보기에 따라 색칠하세요.

보기 非:분홍색, 斗:파랑색, 皮:노랑색, 穴: 빨강색

A239b

😊 서로 알맞은 것끼리 선을 이으세요.

| 非 | 斗 | 皮 | 穴 |

| 구멍 | 말 | 가죽 | 아닐 |

| 혈 | 비 | 두 | 피 |

이 달에 배운 한자를 다시 한 번 써 보세요.

甘 달 감				示 보일 시			
言 말씀 언				門 문 문			
見 볼 견				行 다닐 행			
豆 콩 두				金 쇠 금			
衣 옷 의				非 아닐 비			
走 달릴 주				斗 말 두			
足 발 족				皮 가죽 피			
車 수레 차				穴 구멍 혈			

😊 제가 죽은 후 3일이 지나면

부록 한자 복습 A-4

뜻과 음을 읽으면서 한자를 써 보세요.

甚	甘부수 한자 더욱 심				
計	言부수 한자 셈할 계				
覺	見부수 한자 깨달을 각				
豈	豆부수 한자 어찌 기				
袋	衣부수 한자 자루 대				
起	走부수 한자 일어날 기				
路	足부수 한자 길 로				
輕	車부수 한자 가벼울 경				

부록 한자 복습 A-4

뜻과 음을 읽으면서 한자를 써 보세요.

社	示부수 한자 모일 **사**				
閉	門부수 한자 닫을 **폐**				
街	行부수 한자 거리 **가**				
釘	金부수 한자 못 **정**				
悲	心부수 한자 슬플 **비**				
料	斗부수 한자 되질할 **료**				
波	氵부수 한자 물결 **파**				
究	穴부수 한자 연구 **구**				

부록
한자 복습 A-4

뜻과 음, 한자를 바르게 쓰고, 부수 한자를 익히세요.

甘	뜻	甘		
	음			
言	뜻	言		
	음			
見	뜻	見		
	음			
豆	뜻	豆		
	음			
衣	뜻	衣		
	음			
走	뜻	走		
	음			
足	뜻	足		
	음			
車	뜻	車		
	음			

부록 한자 복습 A-4

뜻과 음, 한자를 바르게 쓰고, 부수 한자를 익히세요.

示	뜻 음	示			
門	뜻 음	門			
行	뜻 음	行			
金	뜻 음	金			
非	뜻 음	非			
斗	뜻 음	斗			
皮	뜻 음	皮			
穴	뜻 음	穴			

부록 한자 복습 A-4

뜻과 음, 한자를 바르게 쓰고, 부수 한자를 익히세요.

白	뜻				
	음				
羊	뜻				
	음				
毛	뜻				
	음				
肉	뜻				
	음				
刀	뜻				
	음				
乙	뜻				
	음				
入	뜻				
	음				
貝	뜻				
	음				
一	뜻				
	음				
二	뜻				
	음				
十	뜻				
	음				
文	뜻				
	음				

부록 한자 복습 A-4

뜻과 음, 한자를 바르게 쓰고, 부수 한자를 익히세요.

父	뜻				
	음				
母	뜻				
	음				
八	뜻				
	음				
立	뜻				
	음				
斤	뜻				
	음				
方	뜻				
	음				
矢	뜻				
	음				
巾	뜻				
	음				
玉	뜻				
	음				
竹	뜻				
	음				
田	뜻				
	음				
米	뜻				
	음				

부록 한자 복습 A-4

뜻과 음, 한자를 바르게 쓰고, 부수 한자를 익히세요.

한자						
山	뜻					
	음					
川	뜻					
	음					
人	뜻					
	음					
土	뜻					
	음					
日	뜻					
	음					
月	뜻					
	음					
木	뜻					
	음					
石	뜻					
	음					
水	뜻					
	음					
火	뜻					
	음					
子	뜻					
	음					
女	뜻					
	음					

부록
한자 복습 A-4

뜻과 음, 한자를 바르게 쓰고, 부수 한자를 익히세요.

口	뜻				
	음				
耳	뜻				
	음				
手	뜻				
	음				
目	뜻				
	음				
士	뜻				
	음				
工	뜻				
	음				
夕	뜻				
	음				
心	뜻				
	음				
大	뜻				
	음				
小	뜻				
	음				
牛	뜻				
	음				
力	뜻				
	음				